CRIANDO
Animações
Digitais

por Derek Breen

ALTA BOOKS
E D I T O R A
Rio de Janeiro, 2017

Criando Animações Digitais Para Leigos®
Copyright © 2017 da Starlin Alta Editora e Consultoria Eireli. ISBN: 978-85-508-0038-7

Translated from original Creating Digital Animations For Dummies® by Derek Breen. Copyright © 2016 by John Wiley & Sons, Inc., Hoboken, NJ. ISBN 978-1-119-23352-7. This translation is published and sold by permission of © 2016 JJohn Wiley & Sons, Inc., Hoboken, NJ., the owner of all rights to publish and sell the same. PORTUGUESE language edition published by Starlin Alta Editora e Consultoria Eireli, Copyright © 2017 by Starlin Alta Editora e Consultoria Eireli.

Impresso no Brasil — 1ª Edição, 2017 - Edição revisada conforme o Acordo Ortográfico da Língua Portuguesa de 2009.

Obra disponível para venda corporativa e/ou personalizada. Para mais informações, fale com projetos@altabooks.com.br

Produção Editorial	Gerência Editorial	Marketing Editorial	Gerência de Captação e	Vendas Atacado e Varejo
Editora Alta Books	Anderson Vieira	Silas Amaro	Contratação de Obras	Daniele Fonseca
		marketing@altabooks.com.br	autoria@altabooks.com.br	Viviane Paiva
Produtor Editorial	**Supervisão de**			comercial@altabooks.com.br
Claudia Braga	**Qualidade Editorial**			
Thiê Alves	Sergio de Souza			**Ouvidoria**
				ouvidoria@altabooks.com.br
Produtor Editorial	**Assistente Editorial**			
(Design)	Illysabelle Trajano			
Aurélio Corrêa				

Equipe Editorial	Bianca Teodoro	Christian Danniel	Juliana de Oliveira	Renan Castro

Tradução	Copidesque	Revisão Gramatical	Diagramação
Carolina Gaio	Franciane de Freitas	Equipe Alta Books	Joyce Matos

Erratas e arquivos de apoio: No site da editora relatamos, com a devida correção, qualquer erro encontrado em nossos livros, bem como disponibilizamos arquivos de apoio se aplicáveis à obra em questão.

Acesse o site www.altabooks.com.br e procure pelo título do livro desejado para ter acesso às erratas, aos arquivos de apoio e/ou a outros conteúdos aplicáveis à obra.

Suporte Técnico: A obra é comercializada na forma em que está, sem direito a suporte técnico ou orientação pessoal/exclusiva ao leitor.

Dados Internacionais de Catalogação na Publicação (CIP)
Vagner Rodolfo CRB-8/9410

B832c	Breen, Derek
	Criando animações digitais / Derek Breen ; traduzido por Carolina Gaio Palhares. - Rio de Janeiro : Alta Books, 2017.
	128 p. : il. ; 14cm x 21cm.
	Tradução de: Creating Digital Animations
	ISBN: 978-85-508-0038-7
	1. Animação digital. 2. Scratch. I. Palhares, Carolina Gaio. II. Título.
	CDD 778.5
	CDU 791.4

Rua Viúva Cláudio, 291 — Bairro Industrial do Jacaré
CEP: 20.970-031 — Rio de Janeiro (RJ)
Tels.: (21) 3278-8069 / 3278-8419
www.altabooks.com.br — altabooks@altabooks.com.br
www.facebook.com/altabooks — www.instagram.com/altabooks

SUMÁRIO

PROJETO 3: LOCALIZAÇÃO, LOCALIZAÇÃO, LOCALIZAÇÃO

PROJETO 4: SOA BEM PARA MIM

INTRODUÇÃO

DESDE QUANDO POSSO ME LEMBRAR, EU QUERIA CONTAR MINHAS PRÓPRIAS HISTÓRIAS POR MEIO DE ANIMAÇÃO. Meu primeiro projeto foi um cartão de aniversário animado para o meu avô. Um barco atravessava a tela e em seguida era exibido "Feliz Aniversário". Ele ficou desconcertado, talvez porque isso tenha acontecido há 30 anos, antes de a animação gráfica ter aparecido na televisão ou em filmes.

Hoje, a animação digital está em todos os lugares, mesmo assim muitas pessoas acreditam que produzir uma animação por elas mesmas é muito difícil. Pense novamente! O Scratch torna isso simples para qualquer um que queira começar a animar.

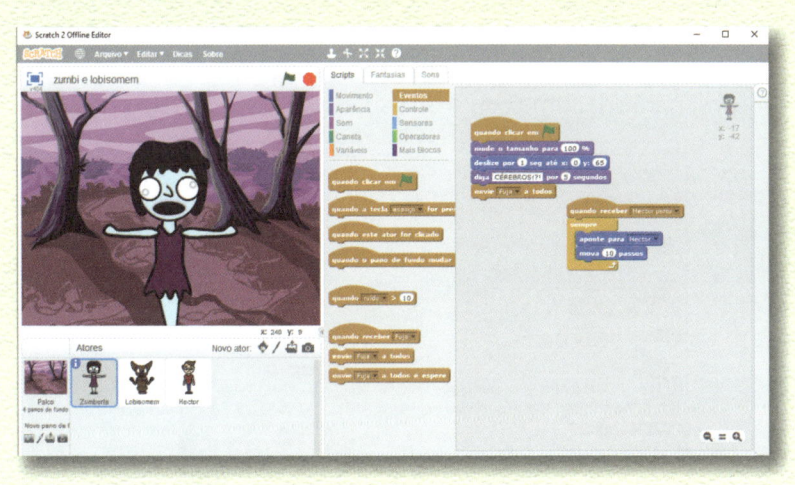

SOBRE O SCRATCH

O Scratch foi criado para você. Os *designers* do MIT Media Lab (Laboratório de Mídia do MIT) tinham várias metas:

- » Fornecer um software poderoso gratuito.

- » Tornar o acesso fácil para você aprender.

» Permitir diferentes maneiras para o uso desse software.

» Habilitar você para navegar, jogar e alterar outros projetos.

» Incentivar você a compartilhar os seus projetos.

» Criar uma comunidade *on-line* em que se pode aprender uns com os outros.

Agora reveja essa lista com os seis objetivos. Onde ela diz "Obrigar pais, professores, orientadores ou crianças a comprar um grande e pesado livro sobre o Scratch"? Em lugar algum! Então, por que você ainda o está lendo? Você não sabe que pode ir até **scratch.mit.edu** agora mesmo e começar a usar o Scratch?!?

Se você é completamente novo no Scratch, pode ser uma boa ideia começar com um de seus tutoriais internos. Para vê-los, clique no ponto de interrogação no canto superior direito (você precisará criar uma conta de usuário para ter acesso).

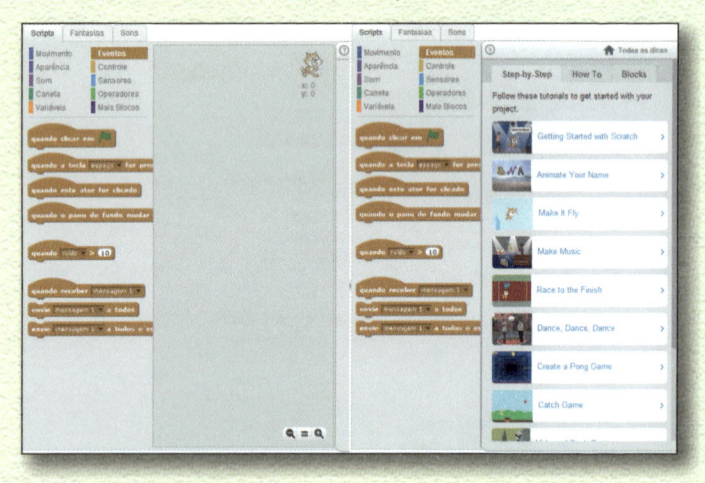

SOBRE ESTE LIVRO

Neste livro, você pode começar com qualquer projeto. Se você não fez muitas animações dentro do Scratch, você pode achar útil começar com o Projeto 1, que o leva a criar um boneco palito animado básico. Se você desejar desenhar o seu próprio personagem de *cartoon*, confira o Projeto 2, em que eu compartilho todo tipo de truque (e você descobre que não precisa ser um grande artista para criar um personagem muito bom).

ÍCONES USADOS NESTE LIVRO

O ícone DICA marca dicas e atalhos que você pode usar para tornar a codificação mais fácil.

O ícone CUIDADO pede que você fique atento! Ele marca informações importantes que podem salvá-lo de fazer um Scratch na cabeça[1].

ACESSE O SCRATCH

Para acessar o Scratch *on-line* visite **www.scratch.mit.edu**, crie uma conta e comece a usá-lo. Para utilizá-lo sem criar uma conta, você precisa fazer o *download* e instalar a versão *offline* (veja a seção "Usar o Scratch *Offline*").

Tecnicamente, você pode usar o site do Scratch sem uma conta, mas você terá que salvar seus projetos no seu computador e então fazer o *upload* deles a cada vez que você visitar o site para continuar trabalhando neles. Com uma conta, você pode salvar os arquivos *on-line* e compartilhar seus projetos com outros usuários do Scratch.

CRIE UMA CONTA ON-LINE

Vá em frente e comece a trabalhar com o Scratch! Ligue seu computador, abra o navegador e visite **scratch.mit.edu**. Se você

---

[1] No original, "It marks important information that may save you from scratching your head a ton" faz um trocadilho sobre a dica "salvar o usuário" entre "scratching" no sentido do uso do programa e da expressão que, ao pé da letra, seria "coçando a cabeça em confusão" (N. da T.).

já tem uma conta no Scratch, clique no botão Entrar, no canto superior direito da página. Se você não tem uma conta, clique no botão "Aderir ao Scratch" e preencha um breve formulário *on-line*. Se você tem menos de 13 anos ou não tem uma conta de e-mail, peça a um adulto para ajudá-lo a criar uma conta (ou vá direto para a seção Usar o Scratch *Offline*).

Para rodar o Scratch on-line, você precisa de um navegador relativamente recente (Chrome 35 ou superior, Firefox 31 ou superior ou Internet Explorer 8 ou superior) com uma versão do Adobe Flash Player 10.2 ou superior instalada. O Scratch 2 foi projetado para suportar tamanhos de tela de 1024 x 768 ou superiores.

USAR O SCRATCH OFFLINE

Você pode instalar o Scratch 2 Offline Editor para trabalhar nos projetos sem uma conta de usuário. Depois de tê-lo instalado, você não precisará de uma conexão de internet para trabalhar nos projetos. Esta versão funcionará em Mac, Windows e em algumas versões do Linux (32 bit). Visite **https://scratch.mit. edu/scratch2download/** para baixar e instalar o Adobe AIR (necessário para rodar o Scratch *offline*) e o Scratch 2 Offline Editor.

Nota: você terá que baixar e então instalar o Adobe AIR, manualmente. Em seguida baixe e instale o Scratch Offline Editor.

Nota #2: Após a instalação, o seu programa provavelmente estará em inglês. Para mudar para o Português Brasil, clique no símbolo do globo terrestre na barra de ferramentas (no topo da tela) e escolha o novo idioma.

Nota #3: Mesmo na versão em português, o conteúdo da tela a seguir estará em inglês.

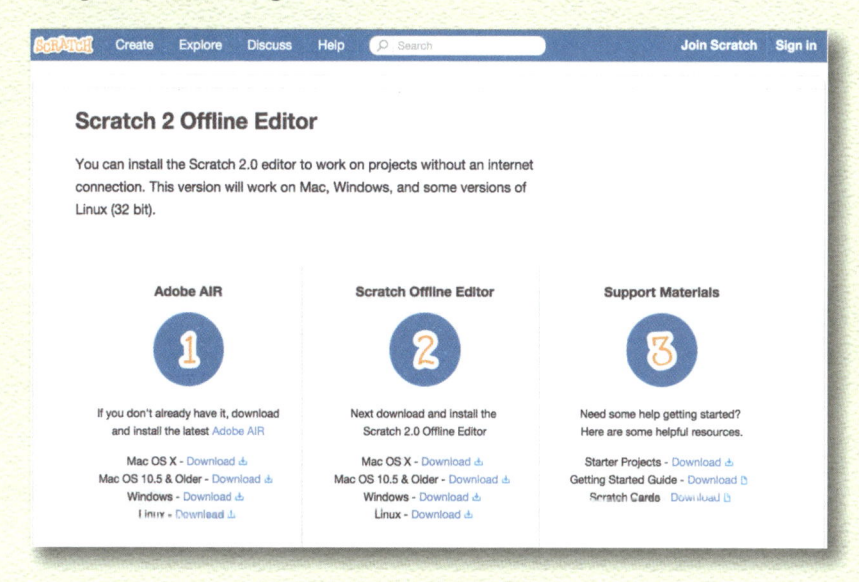

Ok, senhoras e senhores, vamos ao Scratch!

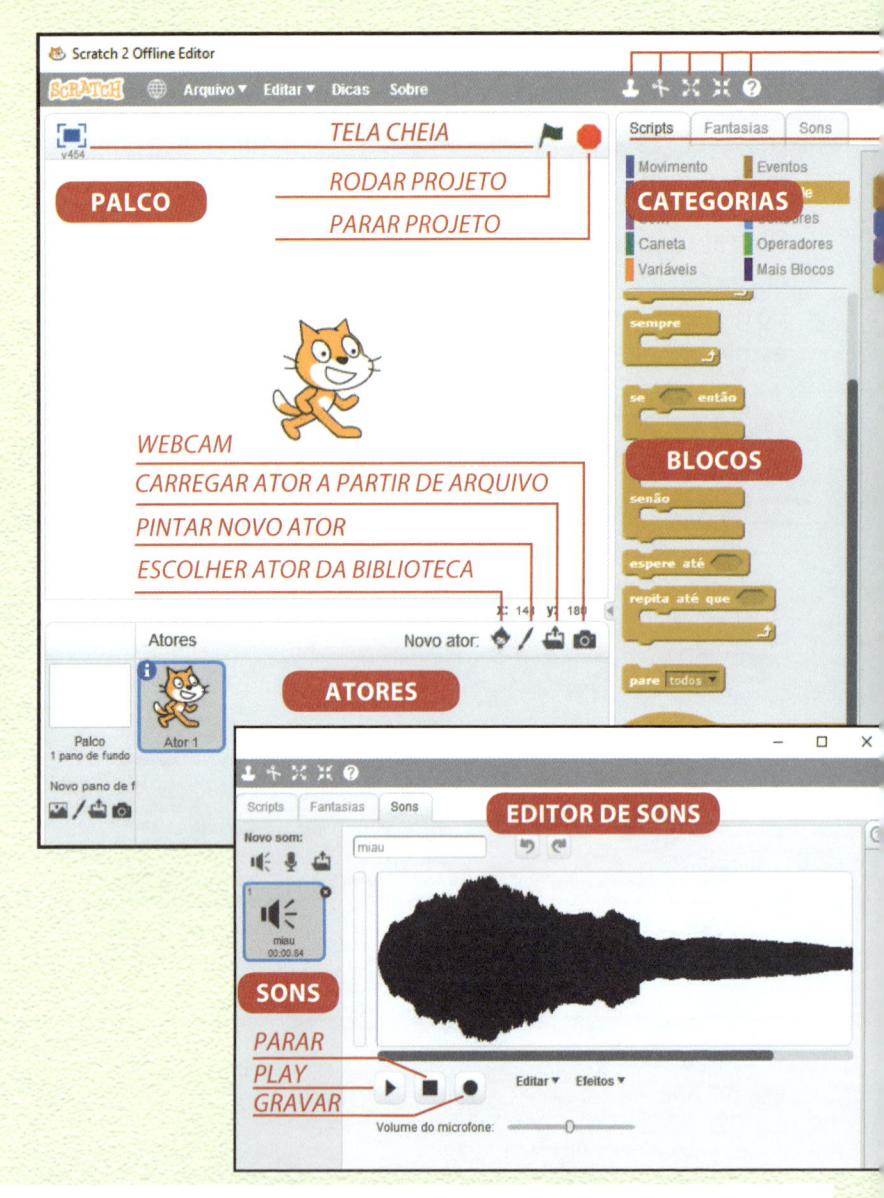

A INTERFACE DO SCRATCH PODE SER UM POUCO INTIMIDADORA A PRINCÍPIO. MAS ELA PODE SE TORNAR BASTANTE FAMILIAR QUANDO VOCÊ TERMINAR SEU PRIMEIRO PROJETO.

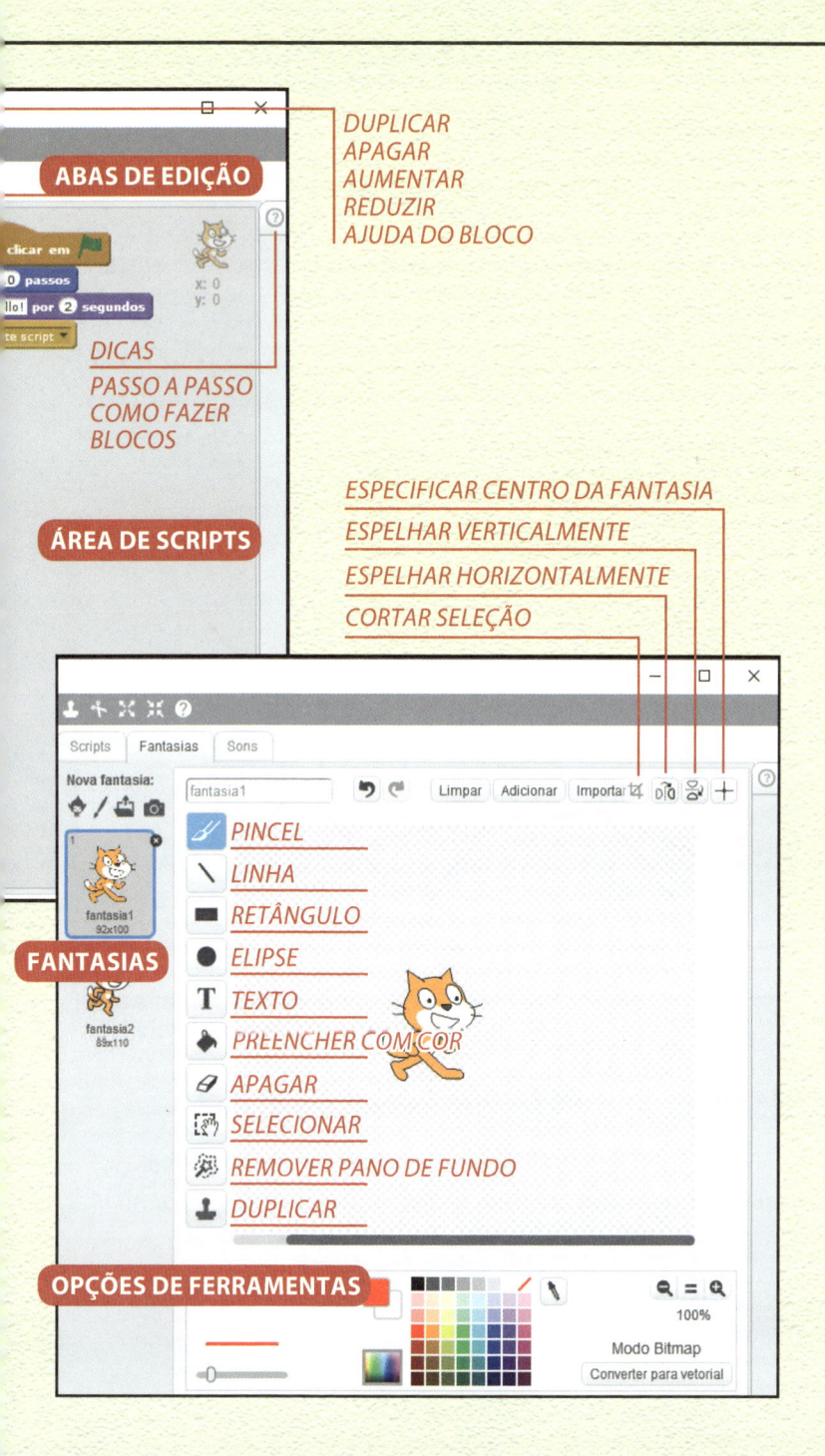

ABAS DE EDIÇÃO

DUPLICAR
APAGAR
AUMENTAR
REDUZIR
AJUDA DO BLOCO

DICAS
PASSO A PASSO
COMO FAZER
BLOCOS

ÁREA DE SCRIPTS

ESPECIFICAR CENTRO DA FANTASIA
ESPELHAR VERTICALMENTE
ESPELHAR HORIZONTALMENTE
CORTAR SELEÇÃO

Scripts   Fantasias   Sons

Nova fantasia:
fantasia1   Limpar Adicionar Importar

PINCEL
LINHA
RETÂNGULO
ELIPSE
TEXTO
PREENCHER COM COR
APAGAR
SELECIONAR
REMOVER PANO DE FUNDO
DUPLICAR

fantasia1
92x100

FANTASIAS

fantasia2
89x110

OPÇÕES DE FERRAMENTAS

100%
Modo Bitmap
Converter para vetorial

PROJETO 1 FUNDAMENTOS DA ANIMAÇÃO

AQUI É ONDE EU PRETENDO FALAR SOBRE A HISTÓRIA DA ANIMAÇÃO. E então descrever todos os diferentes tipos e dar um monte de exemplos e... (ahn)... Não, obrigado! Você não gostaria de começar a criar animações agora mesmo?

Neste projeto, você começa contando uma pequena história com uma das formas mais simples de animação: boneco palito. Uma vantagem óbvia dos bonecos palito é que eles são quase tão simples de animar quanto de desenhar.

DESENHE SEU PRIMEIRO PERSONAGEM

Vá em frente e comece a desenhar! Apenas de brincadeira. Claro que você deve criar um projeto antes de poder desenhar qualquer coisa.

CRIE UM PROJETO

1 Vá até scratch.mit.edu ou abra o Scratch 2 Offline Editor.

2 Se você estiver *on-line*, clique em Criar. Se estiver *offline*, selecione Arquivo[1] e então Novo.

3 Nomeie seu projeto. (*On-line*, selecione o título e o tipo Animação Boneco Palito. *Offline*, **selecione Arquivo, Salvar Como** Animação Boneco Palito**.**)

4 Delete o gato. (Pressione Shift, clique nele e selecione Apagar.)

DESENHE AS PARTES DO CORPO

Para fazer o seu boneco palito, você precisa de um círculo para a cabeça, um retângulo para o corpo e linhas para os braços e as pernas. Inicialmente, desenhar as partes separadamente pode ser mais fácil.

1 Clique no ícone Pintar Novo Ator.

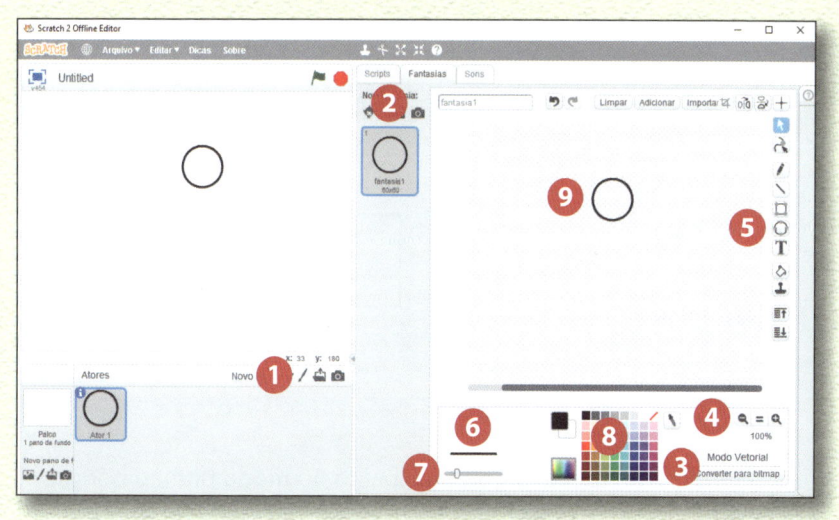

---

1 No canto superior esquerdo, ao lado do logo "Scratch", há um ícone em formato de globo. Ao clicar nele é possível alterar o idioma original, inglês para português, tanto no software para uso *offline* quanto na interface do site (N. da T.).

2 Clique na aba Fantasias.

3 Clique no botão Converter para Vetorial (botão no canto inferior direito da Área de Edição).

4 Clique no botão de zoom e aumente a escala para 200%. Nessa escala fica mais fácil trabalhar no seu personagem.

5 Clique na ferramenta Elipse.

6 Clique na opção Escolher Cor, à direita da palheta de cores.

7 Arraste o controle Espessura da Linha para ajustar sua espessura.

8 Escolha a amostra de cor preta.

9 Clique e arraste para desenhar uma cabeça pequena sem preenchimento. Pressione a tecla Shift para desenhar um círculo perfeito.

10 Use a ferramenta Retângulo para desenhar um corpo sem preenchimento.

11 Use a ferramenta Linha para desenhar os braços e as pernas.

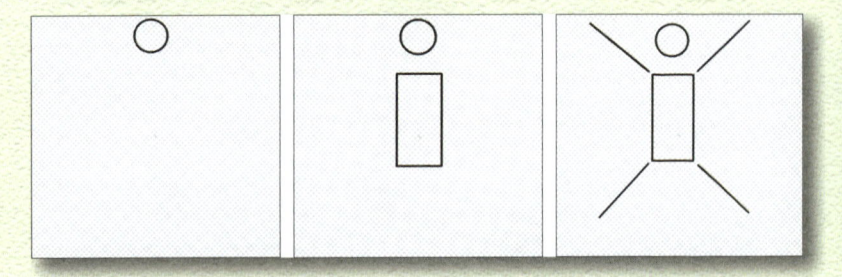

Eu nunca animaria um boneco palito no modo bitmap porque eu perderia uma das ferramentas mais valiosas: a ferramenta Remodelar.

ESCULPA O CORPO COM A FERRAMENTA REMODELAR

Aqui você aprende a fazer o retângulo com uma forma mais humana e a conectar os braços e as pernas.

1 Clique na ferramenta Remodelar e então clique no contorno do corpo.

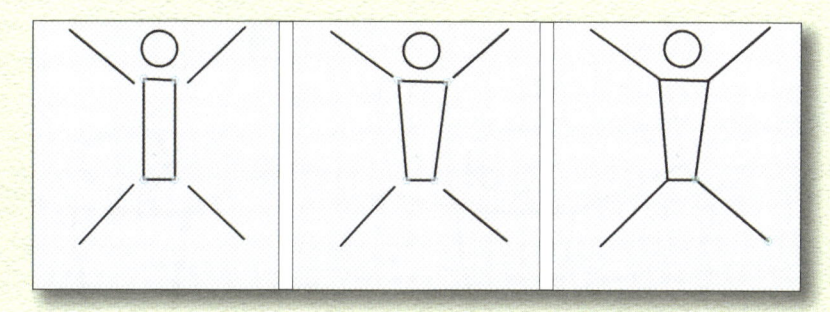

2 Clique e arraste cada canto do corpo para uma nova posição.

3 Clique e arraste a extremidade de cada braço para o canto superior do corpo, onde seriam os ombros.

4 Clique e arraste a parte superior de cada perna para os cantos inferiores do corpo.

Viu como a ferramenta Remodelar ajuda você a modificar seu boneco palito facilmente? Como você vem trabalhando com uma ampliação de 200% na tela da Área de Edição, verifique para ver como sua figura aparece no Palco (a grande área à esquerda da Área de Edição). Minhas linhas parecem um pouco finas demais.

AJUSTE A ESPESSURA DAS LINHAS MÚLTIPLAS

Felizmente, tem um jeito rápido de ajustar todas as linhas que compõem o seu ator vetorizado.

1 Clique na ferramenta Selecionar.

2 Clique e arraste ao longo de toda a figura na tela da Área de Edição para selecionar todas as linhas.

3 Use a ferramenta Espessura da Linha para aumentar a espessura da linha.

4 Verifique o ator no Palco para determinar a melhor espessura para a sua figura.

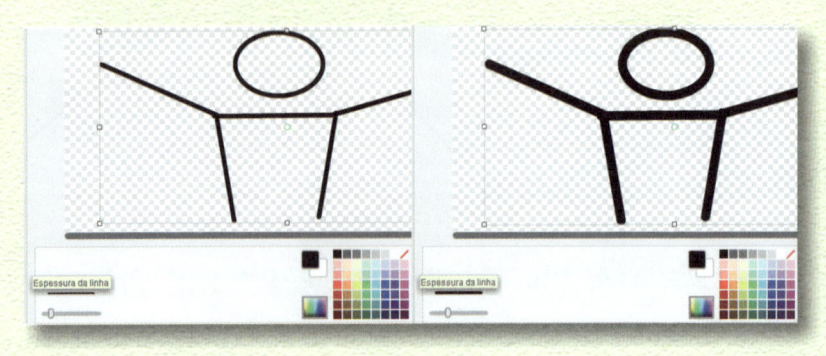

ANIME UM BONECO PALITO

No Scratch, você pode animar seu personagem de duas maneiras: mudando sua posição no Palco ou trocando as fantasias do ator. Defina se quer que seu personagem faça polichinelos; você já deve ter os membros na primeira posição, então só precisa criar os movimentos para a segunda.

1 Pressione Shift, clique na Fantasia 1 e selecione Duplicar.

2 Selecione a ferramenta Remodelar, clique no braço direito e então clique e arraste a mão do personagem para baixo dele.

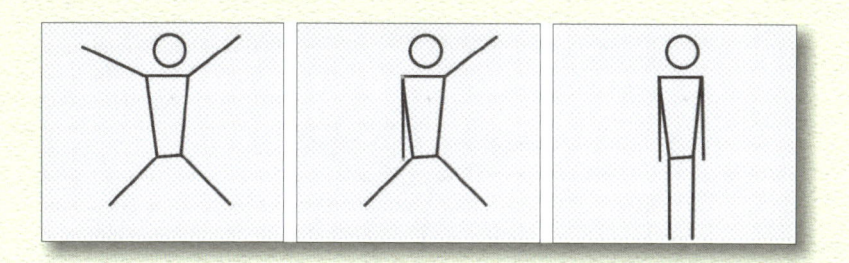

5 Repita o passo 2 para o outro braço e as duas pernas.

4 Faça cliques indo e voltando entre a Fantasia 1 e a Fantasia 2 para ver as mudanças.

Quando eu clico alternando entre as duas posições, algo dá errado. Em vez de realizar os polichinelos, meu personagem parece estar deitado fazendo um anjo na neve.

Quando você faz um polichinelo, você não apenas acena com os braços e as pernas. Seu corpo se move, também. Como se mostra todo o corpo se mexendo? Você precisa que algo esteja parado enquanto o corpo se mexe para cima e para baixo.

DESENHE UM PANO DE FUNDO SIMPLES

Eu espero que você esteja pronto para isso. Desenhe uma linha reta! Apenas uma linha representando o chão fará uma grande diferença. Confie em mim. Sugiro usar o modo Vetor para manter seu gráfico consistente e modificar o pano de fundo depois, se você desejar.

1 Clique no ícone Palco à esquerda do seu ator de boneco palito.

2 Clique no botão Converter para vetorial.

3 Use a ferramenta Linha para desenhar uma linha preta em toda a extensão da Área de Edição perto da parte inferior da janela. Pressione a tecla Shift para evitar que a linha desenhada fique inclinada.

4 Se for necessário, use a ferramenta Espessura da Linha para ajustar a espessura da linha conforme você fez com seu boneco palito.

Compare sua figura e a nova linha no Palco.

AJUSTE O MOVIMENTO CONTRA O PANO DE FUNDO

Em cada pose do polichinelo, os pés devem estar no chão. Você pode tratar a parte inferior da área de edição como o chão para todas as suas Fantasias, tornando-as consistentes.

1 Clique no seu ator de boneco palito e então clique em Fantasia 1, na aba Fantasias.

2 Use a ferramenta de seleção para clicar e arrastar ao longo de toda a figura.

3 Clique na seta para baixo no seu teclado diversas vezes até que os pés do boneco palito se alinhem com o fundo da Área de Edição.

4 Se for necessário, use a ferramenta Remodelar para alinhar a parte inferior de cada perna com a parte inferior da janela.

5 Repita os passos de 1 a 4 para a Fantasia 2.

Por que usar a seta para baixo no teclado quando você pode apenas clicar e arrastar? Porque você não quer mover o seu ator para a esquerda ou para a direita acidentalmente (o que faria a animação parecer agitada).

Retorne para o Palco, clique no seu boneco palito e então arraste até a parte inferior cada uma das pernas, alinhando-as com o solo. Se você alternar entre a Fantasia 1 e a Fantasia 2, agora os pés devem permanecer no chão.

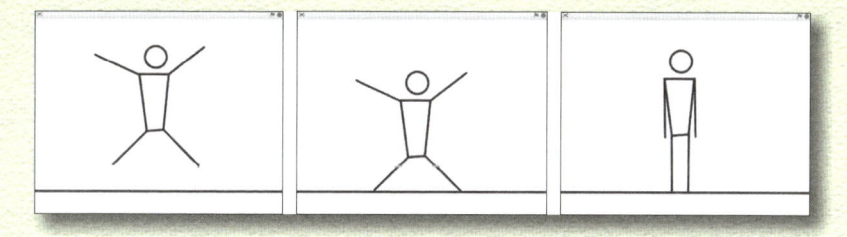

Mas algo ainda está faltando! Levante-se e faça um pouco de polichinelos. É sério! Uma coisa que você precisa fazer como um animador é imitar cada movimento dos personagens.

Os seus pés ficam em contato com o chão todo o tempo? Claro que não. Por que esse movimento é chamado de *salto de polichinelo*? Porque você pula!

COLOQUE O SALTO NO POLICHINELO

Agora mesmo, se você alternar entre as Fantasias é como se os pés apenas deslizassem pelo chão. Você precisa acrescentar uma pose entre a Fantasia 1 e a Fantasia 2 com os braços e as pernas no meio entre as outras poses e o corpo acima do chão. É também uma boa hora para renomear as Fantasias para que você não fique confuso.

1 Clique na Fantasia 1, selecione o nome da Fantasia e então o altere para Braços para cima.

2 Clique na Fantasia 2 e o renomeie para Braços para baixo.

3 Pressione Shift, clique em Braços para cima e selecione Duplicar.

4 Clique e arraste a nova Fantasia até que ele esteja entre o Braços para cima e o Braços para baixo.

5 Renomeie a Fantasia mediana como Braços ao meio.

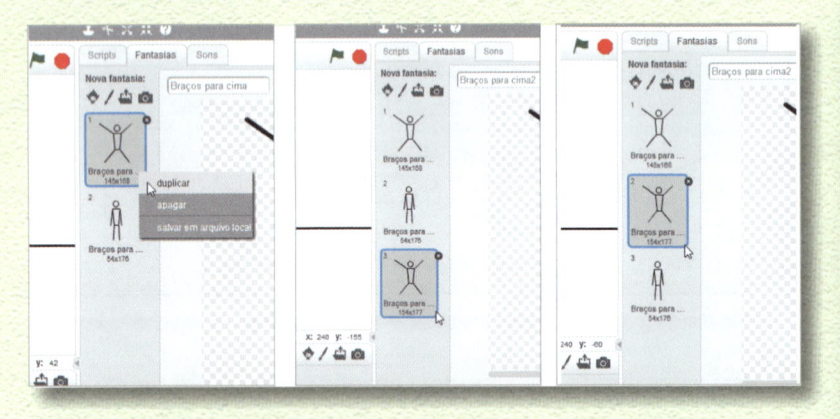

Desde que os pés já estejam na parte inferior da Área de Edição, você precisa selecionar e mover toda a figura antes de reposicionar as pernas.

1 Clique na ferramenta Selecionar.

2 Clique e arraste por todo o boneco palito para selecionar todas as partes do seu corpo.

3 Clique na seta para cima do teclado 50 vezes.

4 Use a ferramenta Remodelar para arrastar as extremidades dos braços e das pernas até que estejam juntas.

A parte inferior das pernas deve permanecer acima do chão para fazer o salto. Se você desejar mais de um polichinelo, use o código para economizar tempo.

ANIME COM BLOCOS DE CÓDIGOS

Você começa criando uma repetição, o que lhe permitirá reproduzir as partes da sua animação quantas vezes você quiser. Para dez polichinelos, siga os seguintes passos:

1 Clique na aba Scripts para o Ator 1.

2 Arraste os seguintes blocos para a Área dos Scripts e mude para os valores correspondentes:

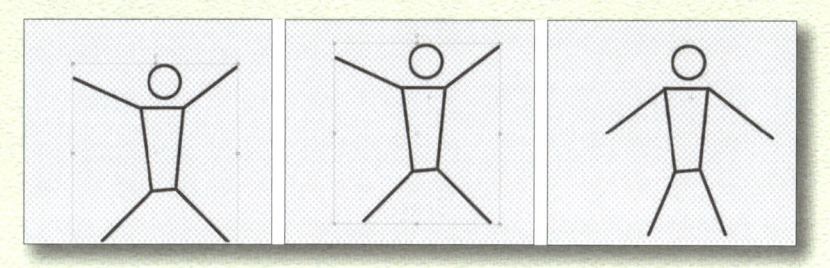

Se você clicar no botão com a Bandeira Verde para testar seu código, o que acontece? Nada *parece* acontecer porque as trocas de Fantasias aparecem tão rapidamente que você não as consegue ver. Você precisa adicionar blocos de ESPERA entre as fantasias alternáveis para que a mudança seja lenta o suficiente para que você possa vê-la. O padrão de 1 segundo é muito longo, então tente mudar seu valor para **0,25** (um quarto de segundo) para cada bloco:

```
quando clicar em 🏳
mude para a fantasia  braços para baixo ▼
espere .25 seg
mude para a fantasia  braços ao meio ▼
espere .25 seg
mude para a fantasia  braços para cima ▼
espere .25 seg
```
x: 0
y: 0

Agora quando você clicar no botão Bandeira Verde, você será capaz de ver as mudanças entre as Fantasias. Se você quiser que o seu boneco faça dez polichinelos, você pode arrastar um lote inteiro de blocos ou apenas adicionar um bloco de REPETIÇÃO:

```
quando clicar em 🏳
repita 10 vezes
    mude para a fantasia  braços para baixo ▼
    espere .25 seg
    mude para a fantasia  braços ao meio ▼
    espere .25 seg
    mude para a fantasia  braços para cima ▼
    espere .25 seg
```
x: 0
y: 0

Seu boneco palito pode fazer dez polichinelos, mas eles não parecem certos. Você pode identificar o que está faltando no código? O boneco começa com os braços na posição para baixo, troca para os braços no meio e então os braços para cima. Depois os braços pulam de volta para baixo para a próxima repetição.

Você precisa adicionar outra posição mediana de braços para suavizar a animação entre cada repetição. E cada TROCA DE FANTASIA precisa de um bloco de ESPERA, assim:

```
quando clicar em ⚑
repita 10 vezes
    mude para a fantasia braços para baixo ▾
    espere .25 seg
    mude para a fantasia braços ao meio ▾
    espere .25 seg
    mude para a fantasia braços para cima ▾
    espere .25 seg
    mude para a fantasia braços ao meio ▾
    espere .25 seg
```

x: 0
y: 0

Clique na Bandeira Verde e agora você poderá ver todas as trocas de posição por meio dos dez polichinelos. Mas ainda há mais um problema. Quando você faz polichinelos, você não pausa um momento com ambos os braços para cima ou para baixo? Deve ter uma longa espera depois dessas poses, certo? Eu gastei alguns minutos tentando diferentes valores de espera e achei um que funciona melhor:

```
quando clicar em ⚑
repita 10 vezes
    mude para a fantasia braços para baixo ▾
    espere .5 seg
    mude para a fantasia braços ao meio ▾
    espere .125 seg
    mude para a fantasia braços para cima ▾
    espere .5 seg
    mude para a fantasia braços ao meio ▾
    espere .125 seg
```

x: 0
y: 0

Os polichinelos podem parecer muito melhores quando você clica na Bandeira Verde. Mas você notou como o personagem congela na última pose mediana do polichinelo? Você precisa de mais um bloco de alternância de Fantasia *depois* do polichinelo para deixar seu boneco novamente de pé, na posição inicial.

Talvez eu esteja correndo muito, mas não quero ter que me sentar entre dez polichinelos a cada vez que eu fizer uma mudança no meu código. Costumo usar um número menor para a codificação e então aumento o valor quando fico satisfeito com a aparência da animação.

PONHA HUMOR NA SUA ANIMAÇÃO

Se você procurar no YouTube ou em outros sites de vídeos *on-line*, você pode achar milhares de animações hilárias de bonecos palito. O que elas têm em comum? Como em qualquer história, sua animação deve ter um começo, um meio e um fim. O que faz a maioria delas ser engraçada? Usualmente, é o elemento surpresa!

Sei que nada é surpresa em relação a bonecos palito que fazem dez polichinelos. Se você quiser tornar isso engraçado, o que poderia acrescentar para surpreender o público? Agora mesmo, os polichinelos são como uma história que é só meio (sem início e sem fim).

Para transformar essa cena em uma história divertida, você precisa responder a duas questões:

1 **Por que um boneco palito está fazendo polichinelos?**

2 **O que poderia impedir o boneco palito de terminar seus polichinelos?**

Assista a qualquer cena de humor e você vai notar um personagem que realmente quer algo e um obstáculo o impedindo de conseguir. No filme *Up*, da Pixar, um velho mal-humorado quer ficar longe de todos. Então ele prende vários balões na sua casa e em seguida decola. O que poderia dar errado? Por engano, um jovem escoteiro irritante voa com ele.

Talvez você precise de um segundo personagem, como um garotinho em *Up*, ou o Batman em *Uma Aventura Lego*, ou o Burro no filme *Shrek*, ou um cachorro em... É isso! Vamos dar ao nosso boneco palito um bichinho palito de estimação! Um cachorro para impedi-lo de terminar seus exercícios matinais.

ADICIONE UM MELHOR AMIGO PARA O BONECO PALITO

Aqui estão outros dos meus truques favoritos de bonecos palito no Scratch. Em vez de desenhar um novo personagem, você pode duplicar seu primeiro personagem e remontar as partes do corpo (um pouco como Frankenstein). Desse jeito, você vai ter certeza de que os personagens terão a mesma escala e uma boa aparência quando juntos.

1 **Pressione Shift, selecione o Ator 1 e escolha Duplicar.**

2 **Para renomear os dois atores, selecione Info e então mude seus nomes.**

Eu chamo o primeiro ator de *Sticky* e o segundo de *Woof*.

3 **Clique no botão para voltar e sair do modo Info.**

Agora você deve ter dois atores. Clique no ícone do ator do *Woof*, vá para a aba de Fantasias e apague tudo, menos a primeira Fantasia, clicando no pequeno X em cada ícone correspondente às Fantasias. A primeira Fantasia será a base para o novo personagem.

MODIFIQUE PARTES PARA CRIAR UM NOVO PERSONAGEM

Você usará a ferramenta Seleção para rodar o corpo e arrastar suas outras partes para suas posições. Então use a ferramenta Remodelar para esculpir a cabeça do cachorro:

1 **Clique na ferramenta Selecionar.**

2 **Clique na forma do corpo.**

3 **Clique na mão rotativa (o pequeno círculo acima da forma selecionada) e arraste para rotacionar o corpo para uma posição horizontal.**

4 **Clique e arraste os braços e as pernas para suas posições.**

5 **Clique na ferramenta Remodelar.**

6 **Clique na cabeça e então clique e arraste os pontos de controle para deixá-la com a forma mais parecida com a cabeça de um cachorro.**

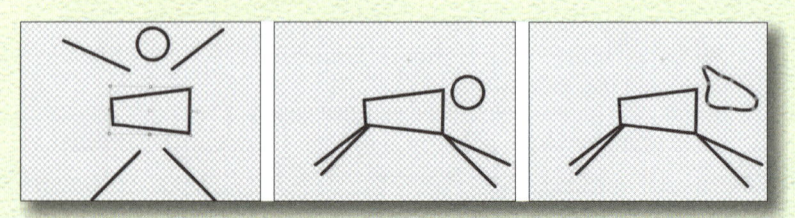

DESENVOLVA SUA HISTÓRIA HUMORÍSTICA

O cachorro será o obstáculo de *Sticky* para finalizar seus exercícios matinais, mas como você pode começar a história? Por que *Sticky* está se exercitando? Eu posso pensar em todo tipo de razões, mas o que poderia ser simples para se exibir rapidamente (para que você não tenha que gastar horas animando)? E se *Sticky* colocasse na parede um novo pôster de um boneco palito musculoso? Seria engraçado ver uma figura de boneco palito correndo pelo Palco e colocando um pôster na parede de um boneco palito muito musculoso.

Então *Sticky* começa a fazer polichinelos, mas o cachorro corre ao redor e o importuna. *Sticky* ignora o cachorro até que ele pula e rasga o pôster. Então *Sticky* persegue o cachorro por tanto tempo que acaba desenvolvendo grandes músculos nas pernas em vez de nos braços, no peito e no abdômen. Isso *poderia* ser engraçado.

Como você poderia fazer isso facilmente? E se o pôster já estivesse na parede quando o *Sticky* entrasse? O cachorro poderia estar lá também. Então você só precisa fazer o homem entrar em cena.

CAMINHAR COMO UM HOMEM

Vamos colocar *Sticky* no Palco o mais rápido possível, ok? Espere, ele já está no Palco. Tire-o daí!

1 **Esconda *Woof* por agora pressionando Shift, clicando no ator e selecionando Esconder.**

2 **Selecione *Sticky* e mude sua Fantasia para Braços para baixo.**

3 **Clique e arraste *Sticky* para a parte mais distante do lado direito do Palco.**

Você quer que *Sticky* caminhe para dentro do Palco antes de fazer os polichinelos, então o novo código precisa estar entre QUANDO CLICAR EM BANDEIRA VERDE e o bloco REPETIR. Encaixe os seguintes blocos de código bem abaixo de QUANDO CLICAR EM BANDEIRA VERDE e altere para os valores correspondentes:

```
quando clicar em 🚩
mude para a fantasia  braços para baixo ▾
vá para x: 260  y: 38
deslize por 3 seg até x: 100  y: 38
espere 1 seg
```

x: 0
y: 0

E se você adicionasse uma pose de soneca para *Woof* e fizesse o cachorro acordar quando o homem começa a se exercitar?

ROTACIONAR PARTES COM A FERRAMENTA SELEÇÃO

Para preservar o comprimento das linhas enquanto se faz uma rotação, use a ferramenta Seleção. Com as formas vetorizadas, você pode alterar até mesmo o ponto em torno do qual elas giram, apenas seguindo esses passos.

1 **Pressione Shift, selecione o ícone do *Woof* e clique em Mostrar.**

2 **Clique no *Woof* para selecionar o ator e então clique na aba Fantasias.**

3 **Pressione Shift, selecione a Fantasia e clique em Duplicar (para o caso de você desejar usar a pose original mais tarde).**

4 **Selecione a nova Fantasia e o renomeie para Dormindo.**

5 **Clique na ferramenta Selecionar e em uma das pernas posteriores.**

6 **Pressione Shift, selecione o pequeno círculo no meio do quadrado de seleção e então o arraste até o final da perna onde ela encontrará o quadril do cachorro.**

7 **Mova o cursor para o círculo fora do box até que a seta se torne circular.**

8 Clique e arraste a seta circular para rotacionar a perna para frente até que ela fique embaixo do corpo do cachorro.

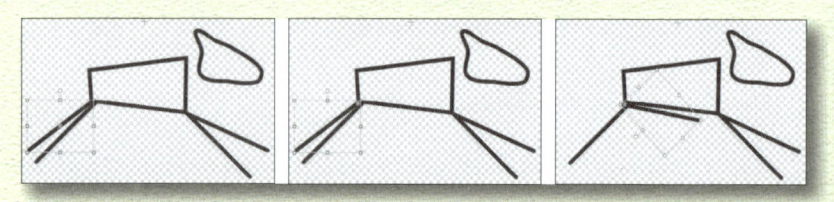

Gire as três pernas restantes usando os mesmos passos, diminua a cabeça e a cauda para se assemelharem mais a um cachorro dormindo e então clique e arraste o ator até sua posição no lado esquerdo do Palco.

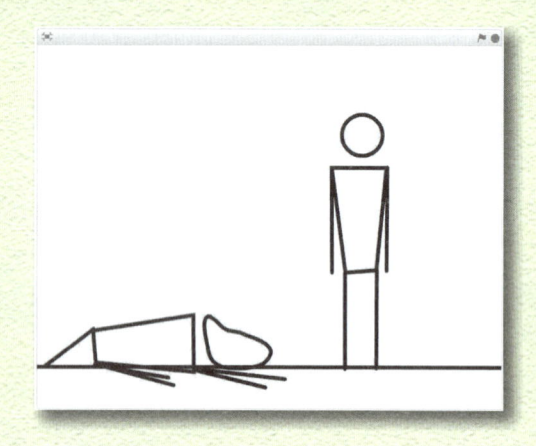

ANIME O CACHORRO

Acredito que finalmente é chegada a hora de trazer o cachorro à vida, você não acha? Desenhe uma Fantasia de desperto para *Woof*.

1 Pressione Shift, selecione a Fantasia Dormindo de *Woof* e escolha Duplicar.

2 Renomeie sua Fantasia para Acordado.

3 Clique na ferramenta Selecionar.

4 Clique e arraste a cabeça do cachorro um pouco para cima (você pode usar a seta para cima do teclado para um movimento mais preciso).

5 Clique e arraste para rotacionar o rabo para cima.

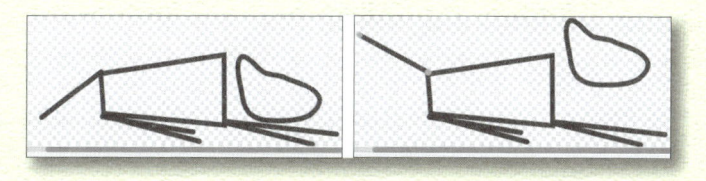

ADICIONE CÓDIGO PARA ANIMAR O CACHORRO PALITO

Tempo é essencial na animação, especialmente quando você tem dois ou mais personagens interagindo. Você pode descobrir quantos segundos um cachorro deveria esperar até acordar? Olhe para o código de *Sticky*: três segundos para deslizar e então um segundo de pausa antes de começar os polichinelos. Então o cachorro deveria esperar cerca de cinco segundos, certo?

1 Clique na aba Scripts.

2 Se você duplicar o ator do boneco palito para fazer o cachorro como eu fiz, a ferramenta já estará com o código dos polichinelos incluído. Pressione Shift, selecione o bloco QUANDO CLICAR EM BANDEIRA VERDE e então escolha Apagar.

3 Arraste os seguintes blocos de código para a área dos Scripts e mude para os valores correspondentes:

```
quando clicar em 🏳
mude para a fantasia dormindo ▾
espere 5 seg
mude para a fantasia acordado ▾
```

x: 0
y: 0

Clique no botão Bandeira Verde, e o cachorro deverá dormir por cinco segundos e então aparecer acordado com sua cabeça e seu rabo levantados. O que o cachorro pode fazer em seguida? Quando eu entro em um quarto em que há um cachorro, ele geralmente começa abanando o rabo.

ANIME UM RABO ABANANDO

Para um rápido aceno da cauda, duplique a Fantasia Acordado, renomeie a nova Fantasia como **Cauda** e use a ferramenta Seleção para rotacioná-la.

Use blocos REPETIDOS para alternar entre as Fantasias Acordado e Cauda. Nós também deveríamos adicionar um atraso de dois segundos entre o despertar do cachorro e ele começar a abanar o rabo. (Certamente cachorros precisam de alguns segundos entre despertar e mostrar empolgação.)

```
quando clicar em ⚑
mude para a fantasia dormindo ▾
espere 5 seg
mude para a fantasia acordado ▾
espere 2 seg
repita 5 vezes
    mude para a fantasia cauda ▾
    espere 0.25 seg
    mude para a fantasia acordado ▾
    espere 0.25 seg
```

x: 0
y: 0

FALE COMO UM HOMEM

Os personagens são bonecos palito, então acho que seria melhor *furar* (muito engraçado, não?) balões de fala do que usar registros de sons e vozes. (Você usa áudio digital no Projeto 4.) Você pode desenhar um balão de fala dentro de uma nova Fantasia ou fazê-lo como um Ator separado, mas acredito que usar blocos de fala seja mais fácil.

Quero que minha figura fale ENQUANTO faz polichinelos. Se eu colocar um bloco de FALA dentro dos blocos de REPETIÇÃO, *Sticky* permanecerá dizendo as mesmas coisas sem parar até que o último polichinelo seja finalizado.

O que um pobre animador pode fazer?

O Scratch pode ter diferentes blocos de códigos rodando ao mesmo tempo para diferentes atores e até mesmo com o mesmo ator. Isso significa que você pode manter seu padrão atual e os códigos de blocos dos polichinelos do boneco palito, adicionar um segundo bloco QUANDO CLICAR EM BANDEIRA VERDE e, em seguida, usar mais alguns blocos de espera para ajustar o tempo de sua fala:

1 Clique no ícone do ator *Sticky* e então clique na aba de Scripts.

2 Arraste os novos blocos para dentro da área dos Scripts à direita do atual conjunto de blocos:

3 Clique dentro de cada bloco de fala e troque por *Oi!* ou o que quer que você queira que seu boneco palito diga (a não ser que você queira que seu personagem diga "Oi... Oi!").

Vou fazer com que a minha figura fale, "Volte a dormir" e, então, "Deixe-me terminar!".

Vou deixar você finalizar a animação do seu jeito. Você tem todas as ferramentas e técnicas de que precisa para fazer *Woof* sentar, latir, fazer polichinelos e atacar *Sticky*. As escolhas restantes se referem mais à história em si. Qual é a história que você deseja contar?

PROJETO 2 ANIMAÇÃO DE PERSONAGENS GRANDES

JÁ BASTA DE PERSONAGEM PALITO! Neste projeto, você vai criar um elenco único de personagens usando a ferramenta de desenho vetorizado e então vai aprender algumas técnicas de *design* para ajudar a trazê-los à vida.

FAÇA DE MANEIRA SIMPLES, SEU BOBO

Quando eu era jovem, aprendi que um BEIJO significa mais do que beijar os lábios de alguém. Isso pode ser resumido em *Faça de Maneira Simples, seu Bobo*. Quanto mais complexos forem seus personagens, mais difícil será animá-los. Então mantenha o desenho do seu personagem simples, seu tolo!

Se o seu objetivo é criar um personagem simples, não faz sentido começar com formas mais simples? Quando estou desenhando um novo personagem, eu frequentemente começo com apenas três círculos:

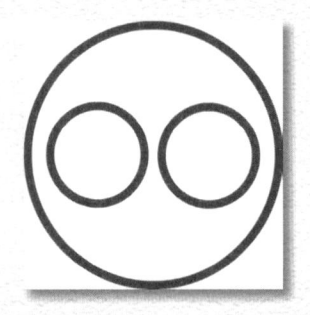

O que você vê? Um rosto, certo? Agora, o que acontece se eu movo os olhos ao redor?

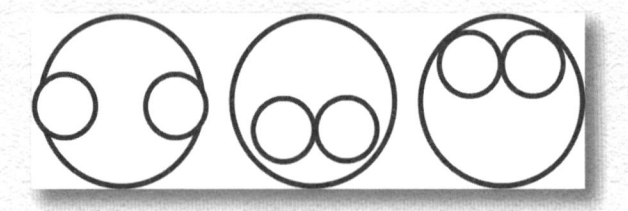

Enquanto os três círculos forem do mesmo tamanho, colocar os olhos em diferentes posições já começa a sugerir três diferentes personagens. Adicione dois círculos pequenos dentro de cada par de olhos...

... desenhe uma linha simples para a boca...

... e então preencha cada rosto com uma cor diferente:

Uau, eu não sei o que você vê, mas eu vejo um zumbi, uma pessoa e um lobisomem!

Para simplificar, eu vou criar uma história envolvendo esses três personagens, explorando maneiras de trazer o mundo deles à vida.

OBTENHA UM PONTO DE PARTIDA

Antes de começar, tire um momento para pensar na história que você deseja contar e quais personagens podem ser mais engraçados para dar vida a ela. Se você ainda não tem uma boa ideia, não se preocupe, pois você pode começar brincando com alguns personagens e vendo para onde eles te levam.

CRIE UM NOVO PROJETO

1 **Vá para scratch.mit.edu ou abra o Scratch 2 Offline Editor.**

2 **Se você estiver *on-line*, clique em Criar. Se estiver *offline*, selecione Arquivo, Novo.**

3 Nomeie seu projeto. (*On-line*, selecione o título e digite Personagens Animados. *Offline*, escolha Arquivo, Salvar Como e digite Personagens Animados.)

4 Apague o gato!

DESENHE UM NOVO ATOR

1 Clique no ícone Pintar Novo Ator.

2 Clique na aba Fantasias.

3 Clique no botão Converter para Vetorial.

4 Clique na ferramenta Elipse.

5 Clique na opção Esboço.

6 Escolha a amostra de cor preta.

7 Clique e arraste para desenhar uma cabeça e dois olhos.

Você pode pressionar a tecla Shift para desenhar um círculo perfeito.

8 Desenhe mais duas elipses para as pupilas.

Se você desejar que os olhos do personagem fiquem exatamente do mesmo tamanho, use a ferramenta Duplicar para fazer cópias exatas.

O seu personagem está pronto para surgir? Se não, talvez um pouco de cabelo ajude.

ARRUME O CABELO RAPIDAMENTE

Você pode desenhar o cabelo com a ferramenta Lápis ou esculpi-lo usando a ferramenta Remodelar em um círculo ou em um retângulo. Eu vou combinar técnicas para conseguir um estilo de cabelo único para o meu zumbi:

1 Clique na ferramenta Elipse.

2 Clique na opção Sólido.

3 Escolha uma amostra de cor para o seu cabelo.

4 Clique e arraste por todo o rosto de seu personagem.

5 Clique no botão Descer um Nível para enviar o cabelo para a camada posterior (atrás da cabeça e dos olhos).

6 Clique na ferramenta Remodelar.

7 Clique no cabelo para selecioná-lo.

8 Clique e arraste os pontos de controle para estilizar seu cabelo.

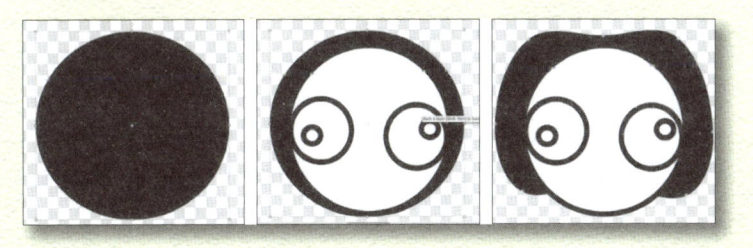

A ferramenta Lápis é melhor para desenhar formas chanfradas, como uma franja de cabelo zumbi!

1 Clique na ferramenta Lápis.

2 Escolha a amostra de cor.

3 Clique e arraste para começar a desenhar.

4 Leve o lápis para trás do ponto inicial para criar uma forma fechada que possa ser preenchida com cor.

5 Clique na ferramenta Colorir uma Forma e então clique dentro da nova forma para preenchê-la.

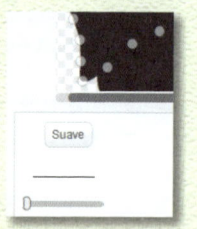

Usar a ferramenta Lápis geralmente cria mais alguns pontos de controle do que as ferramentas Linha, Elipse ou Retângulo. Você pode usar a ferramenta Remodelar para suavizar as linhas, o que reduz o número de pontos e torna o processo de esculpir formas e animá-las posteriormente mais fácil. Clique em qualquer forma vetorizada com a ferramenta Remodelar, e o botão Suavizar aparecerá acima do comando deslizante Espessura de Linha.

ESCANCARE

O quão engraçado é um zumbi sem uma boca para morder seu braço ou mastigar seu cérebro? A animação ficará mais fácil depois se você começar com uma boca aberta. Então desenhe um círculo primeiro na posição de boca aberta:

1 Clique na ferramenta Elipse para desenhar a boca aberta.

2 Clique na ferramenta Remodelar, clique na boca uma vez e então clique e arraste pontos criando a forma que você desejar.

3 Clique na ferramenta Colorir uma Forma, escolha uma cor para os lábios e então clique na borda da boca para criar os lábios.

4 Clique na ferramenta Seleção, clique na boca e então use a ferramenta Espessura da Linha para ajustar sua largura.

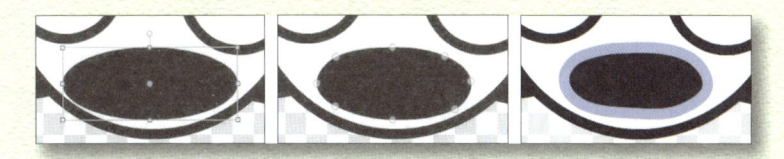

TASQUE-LHE UMA PLÁSTICA NO NARIZ

Enquanto alguns zumbis podem ter perdido o nariz em suas viagens, penso que minha zumbizinha possa ter um pequeno narigão. Use a ferramenta Lápis para desenhar outro nariz sobre o seu e então use a ferramenta Remodelar para suavizá-lo.

A localização do nariz pode afetar seu personagem tanto quanto a localização dos olhos e da boca. Então você deve tentar algumas posições antes de colocá-lo no seu rosto por toda a eternidade.

UM POUCO DE TRABALHO DE CORPO

Ter o corpo, os braços e as pernas como objetos separados facilita na hora de animar os personagens.

1 Clique na ferramenta Elipse, escolha a cor do seu esboço e então desenhe uma forma ovalada do tamanho aproximado que deseja para o corpo.

Eu escolhi o clássico preto para a cor do meu esboço.

2 Clique na ferramenta Colorir uma Forma, escolha a cor para a camisa ou o vestido do seu personagem e então clique dentro da forma inicial do corpo.

3 Clique na ferramenta Remodelar, clique no corpo para selecioná-lo e então clique e arraste os pontos na forma do jeito que você achar que aparenta melhor.

ADICIONE PERNAS SIMPLES

Você pode usar a ferramenta Retângulo para desenhar as pernas juntas, usar a ferramenta Remodelar para afuniliá-las até os tornozelos e então preenchê-las com calças, meias ou a cor de pele de zumbi que você escolher.

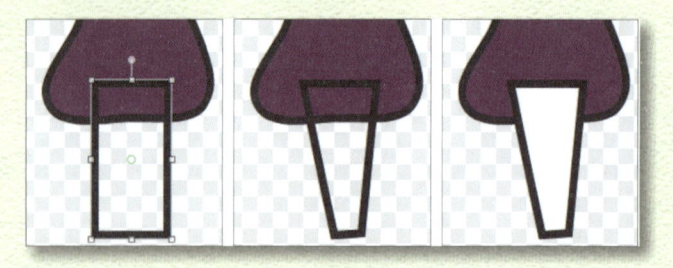

Algo não está parecendo certo. Ah, sim! Eu não quero que o vestido da zumbi seja tão curto. Clique no botão Descer um Nível, e as pernas aparecerão atrás do corpo. Então desenhe um círculo e remodele-o para se tornar os sapatos.

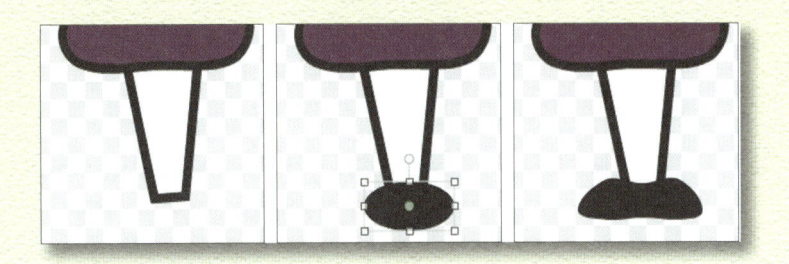

CONFIRA BRAÇOS AOS SEUS PERSONAGENS

Embora você possa trapacear desenhando as duas pernas fundidas, seu personagem deve ter dois braços, certo? Você pode seguir o estilo de um animador preguiçoso para desenhar o braço esquerdo e então usar a técnica de dois em um para duplicar e inverter.

1 Use a ferramenta Elipse para desenhar o braço esquerdo.

2 Use a ferramenta Remodelar para aperfeiçoar essa forma.

3 Preencha a forma com cor de pele.

Eu escolhi branco-zumbi.

4 Clique na ferramenta Duplicar, clique no braço e arraste a cópia para o outro lado.

5 Clique no botão Espelhar Horizontalmente.

6 Clique na ferramenta Seleção e então arraste o braço para a posição correta.

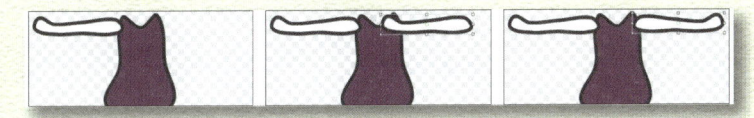

Opa, eu acabei de notar que meu personagem está sem o pescoço! Por que não duplicar a forma da perna e girá-la verticalmente?

1 Clique na ferramenta Duplicar, clique nas pernas e arraste as novas pernas para onde o pescoço deveria estar.

2 Clique no botão Espelhar Verticalmente.

3 Clique no botão Descer um Nível.

APLIQUE OS TOQUES FINAIS

Você pode adicionar detalhes para fazer o seu personagem se destacar? Eu usei o botão Remodelar para deixar a parte de baixo do vestido da minha zumbi como se estivesse sido despedaçada, decidi usar uma pele azulada e duas pupilas cinza desvanecidas.

Eu sei exatamente o que você está pensando: "Isso deve dar muito trabalho. Como é que serei capaz de finalizar os outros personagens para minha animação?".

OS ATORES DO SCRATCH PODEM SER CLONADOS

Do mesmo jeito que você duplica partes do corpo, você pode agora duplicar seu personagem inteiro e simplesmente aplicar pequenas mudanças para criar uma pessoa completamente diferente para sua animação.

1 **Pressione Shift, selecione o ator do seu personagem no Palco e escolha Duplicar.**

2 **Selecione o primeiro ator de novo, clique no botão Info e então renomeie seu personagem.**

Eu chamarei minha zumbi de *Zomberta*.

3 **Renomeie o ator duplicado.**

Este será meu lobisomem, então eu o chamarei de *Lobisomem*.

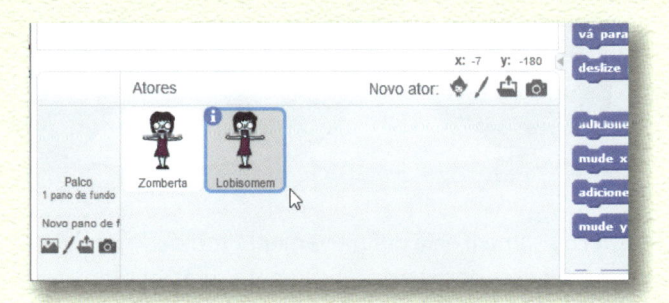

DE PELE DE ZUMBI PARA PELE DE MONSTRO

Alguns dos jeitos mais rápidos de mudar um personagem são trocar suas cores, mudar a forma de seu cabelo e remodelar seu rosto:

1 Clique na ferramenta Colorir uma Forma, escolha sua cor e então clique dentro das formas que você deseja mudar.

2 Clique na ferramenta Selecionar e então clique e arraste os olhos e as pupilas para novas posições.

3 Clique na ferramenta Remodelar, clique em cada forma que você deseja modificar e então clique e arraste os pontos para criar a nova aparência de seu personagem.

4 Use a ferramenta Remodelar para mudar as formas do olho e do cabelo.

Bem, o *Lobisomem* está definitivamente moldado na direção correta. Porém com essa boca vazia dificilmente será um monstro feroz.

AS PRESAS FAZEM O MONSTRO

Quando for desenhar formas detalhadas, tais como dentes afiados, aumente o zoom ou desenhe a forma grande e depois a encolha até o tamanho desejado:

1 Clique na ferramenta Linha.

2 Clique na opção Esboço.

3 Clique na amostra de cor preta.

4 Clique e arraste para desenhar um lado das presas.

5 Arraste até o primeiro ponto para fechar a forma.

6 Clique na ferramenta Colorir uma Forma, clique na amostra branca e então clique dentro da forma.

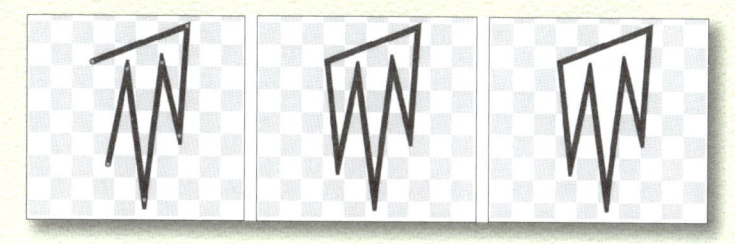

7 Clique na ferramenta Duplicar, clique no primeiro conjunto de presas e então arraste para o outro lado do focinho.

8 Clique no botão Inverter Horizontalmente para rotacionar as presas.

9 Use a ferramenta Selecionar para arrastar as presas até a posição correta.

10 Use a ferramenta Remodelar para ajustar a boca conforme a nova embocadura.

Ah, as presas deixam o meu personagem muito mais feroz, mas ele parece que está trajando algo como um vestido peludo. Bem, quem disse que *Lobisomem* é um garoto? Ok, então *ela* parece que está usando um vestido peludo!

HORA DE DESPIR A FERA

Antes de apagar o vestido (ou mesmo outra parte do corpo), tire um momento para pensar se isso poderia ser útil para outro propósito. Penso que se eu redimensionar o vestido e subi-lo até os ombros, ele pode se parecer mais com um tipo de pele:

1 **Clique na ferramenta Selecionar, clique no vestido e arraste a parte de baixo para cima para deixá-lo mais curto.**

2 **Clique e arraste a forma para a área dos ombros.**

3 **Clique na ferramenta Elipse e desenhe uma nova forma para o corpo.**

4 **Clique na ferramenta Remodelar, clique no corpo e arraste os pontos para fazer as costelas.**

5 **Clique na ferramenta Selecionar, clique na forma das pernas e a redimensione para que fique proporcional.**

FAÇA UMA POSE

Estou satisfeito com a forma da minha (elegante) lobisomem, mas ela parece estranha com os braços estendidos na pose de zumbi. Reposicionar rapidamente partes do corpo é uma das razões pelas quais usamos o modo vetor.

Duplicar a fantasia de um personagem (pressione Shift e selecione Duplicar) antes de mudar qualquer pose faz com que seja fácil retornar para a pose inicial.

1 Clique na ferramenta Selecionar e então clique no braço direito.

2 Pressione Shift e selecione o pequeno círculo no centro do quadro de seleção e o arraste até o ombro.

3 Mova seu cursor para o círculo pequeno acima do box de seleção até que se torne uma seta circular. Então clique e arraste a seta circular para rotacionar o braço.

4 Repita os passos de 1 a 3 para o braço direito.

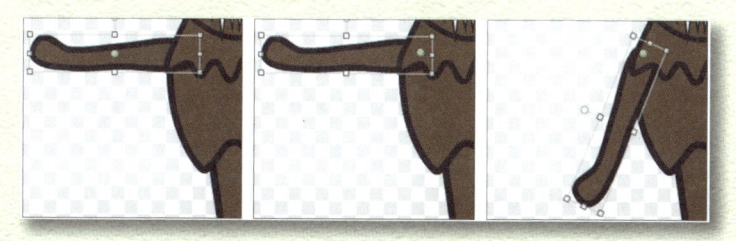

Você deve reajustar o centro de rotação a cada vez que rotacionar uma parte do corpo, mesmo que você a tenha movido antes.

APLIQUE OS TOQUES FINAIS

Agora o que faria a lobisomem mais *lobisomem*? Em vez de mantê-la de pé, que tal colocá-la em uma pose agachada?

1 Clique na ferramenta Remodelar e então clique nas pernas.

2 Clique e arraste um novo ponto e o curve de cada lado.

3 Clique na ferramenta Selecionar, clique nas pernas e as arraste para cima.

4 Clique nos pés e os arraste para cima para uma nova posição de pernas.

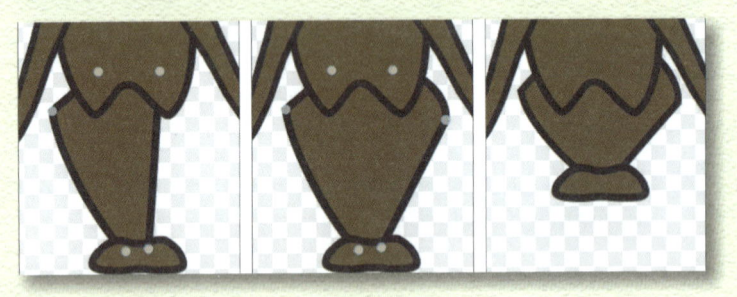

Rotacionar os braços não é o bastante. Agora que a lobisomem está agachada, quero dobrar os braços e adicionar algumas garras! Você pode desenhar novas garras, mas este autor preguiçoso vai simplesmente duplicar as presas e remodelá-las para que se adaptem a cada pata:

1 Clique na ferramenta Remodelar e então clique no braço esquerdo.

2 Clique e arraste os pontos para uma posição de braços dobrados.

3 Clique na ferramenta Duplicar, clique em um conjunto de presas e o arraste para a pata esquerda.

4 Clique na ferramenta Remodelar, selecione as garras e ajuste os pontos.

5 Repita os passos de 1 a 4 para o braço direito (ou duplique e rotacione o braço esquerdo e as garras).

CRIE UM TERCEIRO PERSONAGEM

Se você olhar para os dois personagens lado a lado, dificilmente achará que eles vieram da mesma imagem básica (a menos que tenha feito todo o trabalho).

Decidi desenhar três figuras únicas. O terceiro personagem é uma pessoa comum – que deve estar um pouco preocupada com suas companhias.

Decida qual ator está mais próximo da forma do novo personagem que você deseja criar. *Zomberta* é mais parecida com uma pessoa do que a minha lobisomem agachada e rosnadeira. Então vou duplicá-la:

1 **Pressione Shift, selecione o ator que deseja copiar e escolha Duplicar.**

2 **Pressione Shift, selecione o novo ator, clique no botão Info e troque seu nome.**

Chamarei o meu de *Hector*. Por que não?

3 **Clique na aba Fantasias.**

DE GAROTA-ZUMBI PARA UM RAPAZINHO COMUM

Você já transformou um personagem em outro, então serei mais rápido desta vez. Começarei mudando as cores da pele e do cabelo de garota-zumbi para as de um garoto comum. Então vou desenhar um cabelo mais pueril (você pode usar o Lápis ou a velha técnica Remodelar em um Círculo), remodelar o nariz e mover as pupilas para o meio dos olhos.

Não estou dizendo que há algo errado em um garoto usar um vestido, mas quero que meu personagem tenha um aspecto pueril mais tradicional para seguir com a história que tenho em mente. A forma do vestido é toda inadequada, então vou deletá-la, criar uma nova camisa e colorir as pernas para parecerem calças compridas.

USANDO A PALHETA AVANÇADA DE CORES

Cor de pele pode ser algo difícil de se conseguir corretamente. Por padrão, você pode escolher a partir das 56 amostras de cores no editor de imagem.

Felizmente, o Scratch tem muito mais opções de cores ao alcance de um clique. Clique no botão Alterar Palheta de Cores na parte inferior do editor de imagem, à esquerda das amostras de cores, para trocar para a palheta avançada de cores.

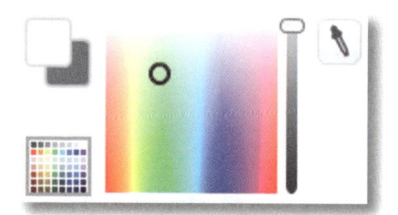

Clique e arraste o pequeno círculo dentro das cores misturadas até que você consiga a cor que deseja e então use a barra deslizante Sombras, do lado direito, para tornar a cor mais escura ou mais clara. Você pode usar a ferramenta Escolher Cor (o conta-gotas que ladeia cada palheta de cor) para selecionar a cor de qualquer objeto na tela da Área de Edição. Para retornar ao modo básico de amostras, clique novamente no botão Trocar Palheta de Cores.

DESENHE AS ROUPAS DO PERSONAGEM

Eu poderia querer criar a personagem de uma garota comum depois (talvez mostrar Zomberta antes de sua transformação em zumbi) então, antes de mudar o vestido, vou duplicar sua fantasia.

Use a ferramenta Remodelar para esculpir um círculo dentro da camisa. Você pode clicar em qualquer lugar no esboço para adicionar mais pontos. Eu adicionarei dois pontos em cada ombro para deixar as mangas certas.

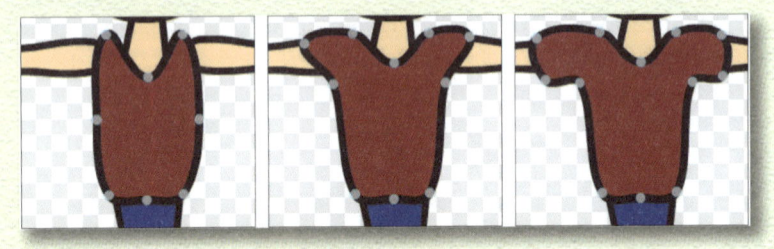

Agora que as roupas de *Hector* estão completas, não estou satisfeito com a aparência de seu rosto.

ALTERE CARACTERÍSTICAS FACIAIS

Use as ferramentas Remodelar e Selecionar para experimentar diferentes olhos e narizes. Isso pode ajudar a adicionar sobrancelhas (ajuste o cabelo se precisar de mais espaço entre elas).

ADICIONE UM GRUPO DE DENTES

Estou muito mais satisfeito com a aparência dos olhos e do nariz agora. Mas a boca ainda está levemente me levando à loucura. Está parecendo que alguém deu um nocaute e arrancou os dentes do rapaz. Dentes!

1 Pressione Shift, selecione a fantasia e escolha Duplicar.

2 Clique na ferramenta Colorir uma Forma e então selecione a amostra de cor branca.

3 Clique dentro da boca e a preencha com o branco.

4 Clique na ferramenta Linha, escolha a amostra de cor preta e então desenhe uma linha fina atravessando o meio da boca.

5 Clique na ferramenta Remodelar, clique na boca e ajuste a forma.

Que melhoria um conjunto de dentes pode fazer no rosto! Então continue escovando seus dentes ou você terminará semelhante à *Zomberta*!

MODIFIQUE PERSONAGENS VESTIDOS

Mexer em personagens vestidos envolve alguns passos extras. Você pode precisar utilizar a ferramenta Remodelar para ajustar a camisa depois que os braços tiverem sido rotacionados. Não se esqueça de duplicar a fantasia antes, para o caso de você desejar novamente os braços levantados.

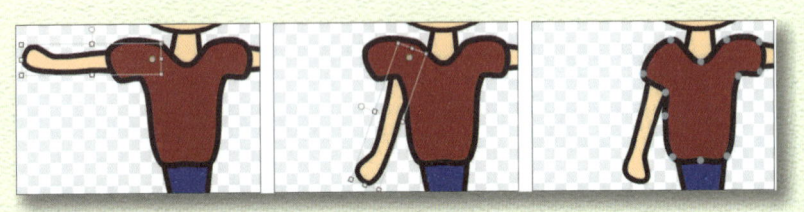

MONTE SEU ELENCO

Depois de seguir os mesmos passos para o braço direito, eu quis ver como o menino ficaria em comparação aos seus mais horripilantes companheiros de animação. Então arrastei os três para que ficassem lado a lado no Palco.

Você pode gastar tanto tempo quanto quiser refinando os desenhos dos seus personagens, mas este livro é sobre animação, então vamos nos mexer para construir cenas, adicionar sons e usar efeitos especiais para fazer seus desenhos animados ainda mais memoráveis.

MELHORE SEU PERSONAGEM RAPIDAMENTE

Se você simplesmente quer gastar um pouco mais de tempo trabalhando em seus personagens, aqui estão algumas dicas que poderão lhe ajudar:

» **Compare com outros personagens animados:** Gaste alguns minutos revendo alguns dos seus personagens preferidos dos filmes de animação ou os olhe com um olhar crítico. Que detalhes ajudam a distinguir um personagem do outro?

» **Adicione textura:** Traga suas habilidades de desenho para as roupas, adicionando padrões, formas e texturas. Algumas linhas onduladas também podem fazer um penteado melhor.

» **Adicione uma pose mais impactante:** Em vez de deixar os personagens apenas parados ao redor da cena, experimente poses mais dramáticas, que possam ajudar a expressar a personalidade de cada um deles.

» **Adicione drama:** Escolha uma cena específica da história que você tem em mente e ajuste as poses e expressões dos personagens para combinar com o tom e o humor que você quer expressar.

PROJETO 3 LOCALIZAÇÃO, LOCALIZAÇÃO, LOCALIZAÇÃO

TODA ANIMAÇÃO ACONTECE EM ALGUM LUGAR. Este lugar pode ser um porão familiar ou um espaço exterior afastado na América do Sul ou no Parque Country do Colorado. O último projeto conduziu você através da criação de três diferentes personagens animados. Agora aqueles personagens (ou criaturas) podem usar algumas *cenas interiores* – locais cheios de objetos para jogar com seus sentidos – para tornar a vida deles (e a nossa) mais interessante.

PLANEJE CENAS ANIMADAS

Cada locação pode ser interna ou externa, bem como as cenas. Vamos começar com uma cena interna.

Se você planeja usar o seu personagem do projeto anterior (ou de outro projeto que você já tenha criado), será mais fácil abrir aquele projeto para que seus personagens estejam disponíveis. Se você deseja usar atores da Biblioteca de Atores ou desenhar um novo mais tarde, você pode criar um novo projeto (e apagar o gato do Scratch):

1 **Vá para scratch.mit.edu ou abra o Scratch 2 Offline Editor.**

2 **Se você estiver** *on-line***, procure e abra o projeto que você deseja copiar. Se estiver** *offline***, clique em Arquivo, Abrir e selecione o seu projeto.**

3 **Se estiver** *on-line***, clique no menu Arquivo e selecione Salvar como Cópia. Se estiver** *offline***, selecione Arquivo, Salvar Como.**

4 **Nomeie seu projeto como desejar. Eu chamei o meu de** Panos de Fundo Animados**.**

DESENHE UMA CENA INTERIOR

No Projeto 1, apresentei os elementos mais básicos de uma cena interior, uma única linha horizontal indicando o chão. Para uma cena mais elaborada, determinar a interseção entre o chão e a parede é um bom ponto de partida.

Recomendo que você desenhe os seus panos de fundo no modo vetorial, assim você pode modificar as linhas e formas a qualquer tempo.

1 **Clique no ícone do Palco à esquerda do ator do personagem.**

2 **Na aba Panos de Fundo, clique no botão Converter para Vetorial.**

3 **Clique na ferramenta Retângulo, escolha a amostra de cor preta e ajuste a espessura da linha com a ferramenta deslizante Espessura da Linha à esquerda da palheta de cores.**

4 **Para sua parede, clique no canto superior esquerdo da Área de Edição e então clique e arraste por aproximadamente dois terços para baixo da Área de Edição.**

COMPARTILHE ATORES ENTRE PROJETOS

E se você quiser trazer personagens de mais de um projeto ou começar com um projeto em branco, trabalhar nos seus panos de fundo e então trazer os personagens mais tarde? Não importa como trabalhe, se *on-line* ou *offline*, o Scratch permite que você exporte atores, fantasias individuais e panos de fundo de um projeto e então os importe para dentro de outro.

Pressione Shift e clique em um ator, em uma fantasia ou em um pano de fundo e selecione Salvar em Arquivo Local.

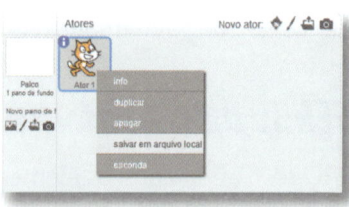

Use o botão Escolher Ator da Biblioteca ou Carregar Fantasia a Partir de Arquivo para carregar seu personagem dentro do novo projeto.

Se você estiver trabalhando *on-line* e não tiver permissão para salvar arquivos no seu computador, não se assuste! Você pode usá-los do pacote do Scratch (no botão da página de seus Scripts/Fantasias/Sons quando se trabalha *on-line*).

Você pode arrastar atores, panos de fundo, fantasias, scripts e sons para dentro ou para fora de seu pacote. Por enquanto, a versão *offline* do Scratch não inclui um pacote desse tipo.

5 Para o chão, clique no botão esquerdo na borda da Área de Edição e então arraste em direção ao canto inferior direito da parede.

6 Clique na ferramenta Colorir uma Forma, selecione a cor que deseja usar e então preencha as formas da parede e do chão.

Escolhi um marrom-escuro para o chão e um bege-claro para a parede.

A maioria das paredes na minha casa tem uma janela ou uma porta. Janelas têm a vantagem de ajudá-lo a ver a hora do dia, o tempo ou um monstro perverso procurando pela sua próxima refeição:

1 Clique na ferramenta Retângulo, escolha a amostra de cor preta e arraste o comando deslizante Espessura da Linha para ajustá-la.

2 Clique e arraste para desenhar a parte de fora da janela.

3 Clique na ferramenta Linha, segure a tecla Shift e arraste através do meio do retângulo para dividir a forma em duas partes.

4 Selecione e arraste para baixo desde o meio da seção superior para indicar duas placas de vidro na janela superior.

5 Clique na ferramenta Colorir uma Forma, escolha a amostra de cor cinza-claro e clique dentro da janela para preenchê-la com essa cor.

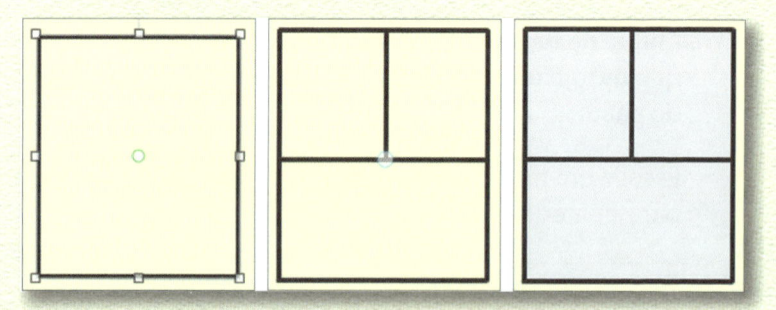

Adicionar cortinas trará mais cores para o interior do quarto e deixará mais evidente que se trata de um ambiente interno:

1 Clique na ferramenta Retângulo, clique e arraste ao redor do lado esquerdo da janela.

2 Clique na ferramenta Remodelar, pressione Shift e clique na metade inferior do lado direito do retângulo para adicionar um ponto e uma curva e arraste para a esquerda, para dar a impressão de uma cortina aberta.

3 Clique e arraste para ajustar os pontos no topo direito e na parte inferior esquerda.

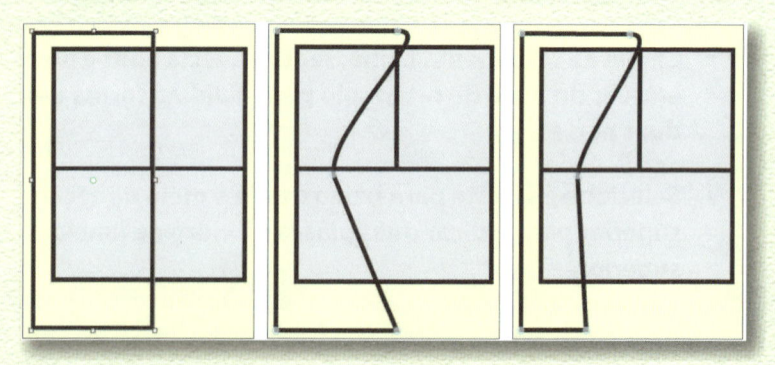

4 Clique na ferramenta Colorir uma Forma, escolha a cor da cortina e clique em seu interior.

5 Clique na ferramenta Duplicar, clique na cortina e arraste a cópia para o lado direito da janela.

6 Clique no botão Espelhar Horizontalmente.

Você pode usar a ferramenta Remodelar para ajustar o comprimento da cortina ou revelar mais da janela.

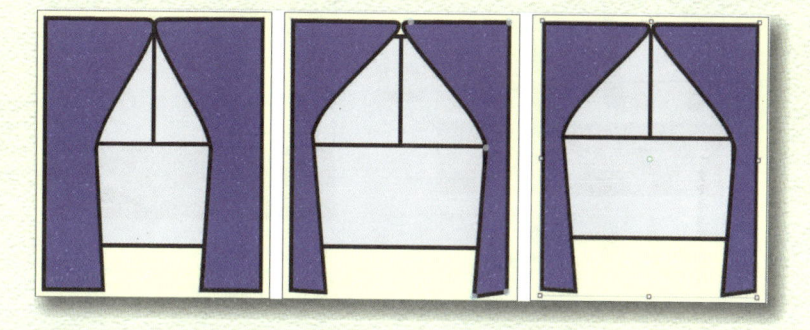

DEIXE AS CENAS MAIS ENVOLVENTES

E se você quisesse ver os objetos através de uma janela ou ter seus personagens entrando e saindo através de uma porta ou se escondendo atrás de árvores? Em vez de colocar as paredes, as janelas, o piso e as portas todos em um pano de fundo, você pode colocá-los em um ator! Os atores do Scratch são muito mais flexíveis do que os panos de fundo. Um ator pode ser movido para frente e para trás de qualquer outro, movido lado a lado e convertido em um formato menor ou maior.

MUDE O PANO DE FUNDO DENTRO DE UM ATOR

Enquanto você não converter um pano de fundo em um ator, você pode arrastar o pano de fundo para dentro de um ator, que se tornará uma nova fantasia naquele ator:

 1 Clique no botão Pintar Novo Ator.

2 Clique no botão Palco (abaixo do palco atual).

3 Na aba Panos de Fundo, clique e arraste o pano de fundo que inclui a sua janela para dentro do novo ator.

4 Enquanto você ainda estiver no painel de Panos de Fundo, selecione o pano de fundo plano branco.

Se você não tem um pano de fundo, clique no botão Pintar Novo Pano de Fundo.

5 Clique e arraste o novo ator de parede para sua posição no Palco.

DESENHE JANELAS TRANSPARENTES

Você pode ver outros atores através da janela de poucas maneiras. Uma delas é apagar a cor dentro da vidraça, mas isso não funcionará aqui. Você percebe por quê? Você desenhou primeiro o retângulo da parede e *depois* a janela *por cima* dele. Por ser um ator vetorizado, cada objeto fica na sua própria camada.

Em vez de desenhar uma seção diferente de parede nas bordas esquerda, direita, de baixo e de cima da janela, remova o vidro:

1 Selecione o ator da parede/do chão/da janela e clique na aba Fantasias.

2 Na Área de Edição, clique em qualquer parte da parede e então clique na tecla Delete do seu teclado.

3 Clique na ferramenta Colorir uma Forma, clique na amostra de cor vazia e então clique nos vidros.

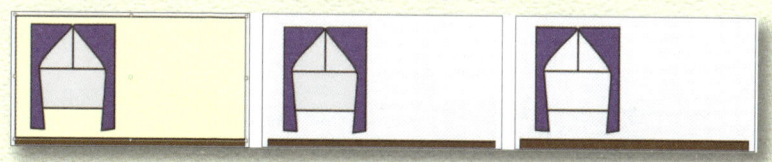

Para fazer um personagem aparecer através da janela, mova o ator para a sua posição e então o mande para uma camada atrás da janela:

1 No Palco, clique e arraste o personagem até se sobrepor à janela.

2 Clique em qualquer parte da cortina ou do chão e segure seu mouse ou o *trackpad* por alguns segundos para fazer com que o ator se mova para a camada da frente.

Para manter a janela transparente, você precisará desenhar a parede em quatro seções e deixar um buraco ao redor da janela:

 1 **Na Área de Edição, clique na ferramenta Retângulo. Então clique na opção Sólido e escolha a cor da sua parede no editor.**

2 **Clique e arraste da parte de cima do canto superior direito através da tela para o lado direito da cortina e abaixo do chão.**

Não tem problema se a cortina e o chão se sobrepuserem um pouco.

3 **Segure a tecla Shift enquanto você clica no botão Descer um Nível.**

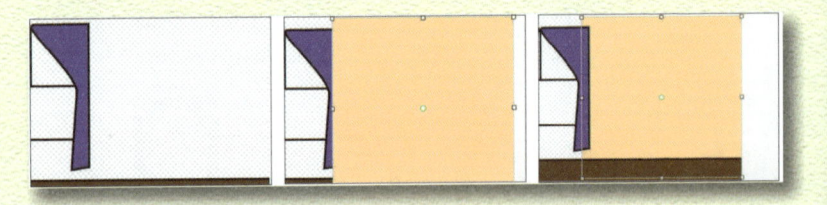

4 **Repita os passos 2 e 3 para as três seções restantes da parede. Clique fora da tela para garantir o preenchimento das seções de cada área.**

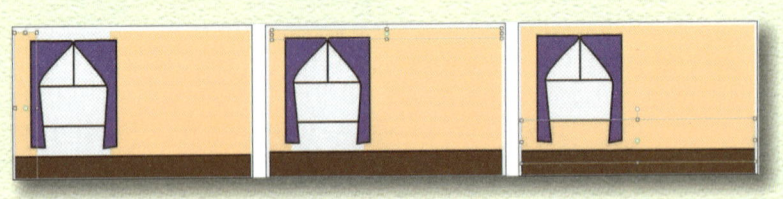

Depois que sua nova parede estiver preenchida, você pode dar uma sensação melhor de profundidade aos seus espectadores colocando um personagem dentro do cômodo e outro fora como se estivesse olhando para dentro.

Para fazer cenas mais envolventes, você pode adicionar algo dentro do quarto que o personagem possa mexer para frente e para trás. No teatro, em filmes e na televisão, esses objetos são chamados de adereços.

CONSTRUA SUA PRÓPRIA MOBÍLIA

Nada representa melhor uma "sala de estar" do que um sofá grande e felpudo. Você pode adicionar ou desenhar um adereço diferente que adorne melhor o seu quarto (e sua história).

O jeito mais simples de desenhar adereços é reduzindo-os em partes menores. Mesmo que a maioria das almofadas seja retangular, é melhor começar com uma elipse e usar a ferramenta Remodelar para obter cantos arredondados mais regulares:

1 Clique no ícone Pintar Novo Ator abaixo do Palco.

2 Clique na aba Fantasias e então clique no botão Converter para Vetorial.

3 Clique na ferramenta Elipse, escolha a amostra de cor preta, arraste o controle deslizante Espessura da Linha e a ajuste e então escolha a opção Esboço.

4 Clique e arraste para desenhar a primeira almofada.

Deixe espaço suficiente para os braços e para mais duas almofadas.

5 Clique na ferramenta Remodelar, selecione a almofada e então clique e arraste os pontos da borda mediana para dentro para formar um retângulo arredondado.

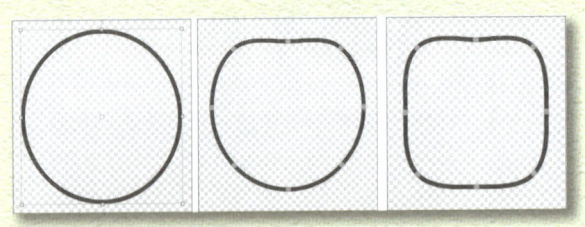

6 Clique na ferramenta Colorir uma Forma, clique na cor que você acha que ficará boa no seu quarto e clique dentro da almofada.

A cor deve contrastar com a cor das paredes, da pele, do cabelo e das roupas do personagem.

7 Clique na ferramenta Duplicar, clique na primeira almofada e arraste a cópia para o lugar ao lado dela. Repita o processo para a terceira almofada.

Se você pressionar a tecla Shift, você pode ficar fazendo cópias da forma sem ter que selecionar novamente o botão Duplicar a cada vez. Solte a tecla Shift antes de arrastar a cópia final para o seu lugar.

8 Clique na ferramenta Seleção e então pressione Shift e clique em cada almofada até que as três estejam selecionadas.

Não se preocupe com as lacunas, você pode preenchê-las depois.

9 Clique no botão Agrupar.

10 Clique na ferramenta Duplicar, clique no grupo de almofadas e as arraste para onde os assentos devem ficar.

11 Clique na ferramenta Selecionar e clique no botão de controle central para encurtar o grupo de almofadas.

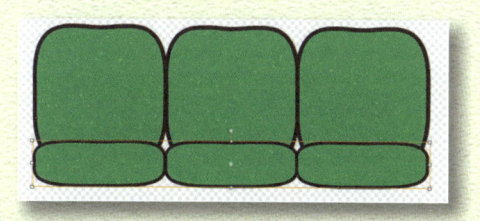

12 Clique na ferramenta Elipse, escolha a amostra de cor preta, arraste o controle deslizante Espessura de Linha para ajustar sua espessura e então escolha a opção Esboço.

13 Clique e arraste para desenhar uma forma ovalada onde o braço esquerdo do sofá deveria estar.

14 Clique na ferramenta Remodelar, selecione o braço, clique e arraste os pontos para esculpir um braço espesso.

15 Clique na ferramenta Colorir uma Forma, escolha a mesma cor que você usou para as almofadas e clique dentro dos braços do sofá.

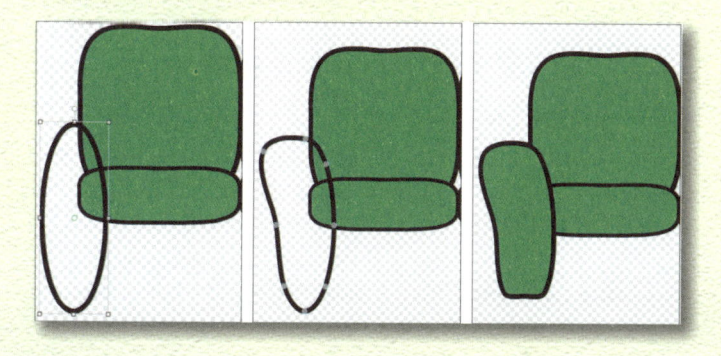

O espectador não verá o outro braço ou os pés do sofá na minha cena, então eu só desenho um retângulo abaixo das almofadas e o preencho com verde, trazendo o grupo de assentos das almofadas para a camada da frente (clique no botão Trazer Camada para frente). *Voilà*, uma sala de estar! Mas talvez *Hector* deva estar escondido do outro lado do sofá, não?

Estude sua cena final para estar certo de que os atores não tenham muitas cores similares. Troquei a cor da parede de bege para um amarelo brilhante depois que reparei que as tonalidades estavam quase iguais às da pele do meu personagem. Ainda mudei a cor do pano de fundo para um cinza-escuro, para parecer que o lobisomem está lá fora na escuridão.

DESENHE UMA CENA EXTERIOR

Não uso minha garota-zumbi, *Zomberta*, há um tempo; ela poderia tomar um ar fresco. Vamos fazer sua primeira cena com sua chegada em um acampamento de verão. Começando com um novo pano de fundo:

1 Clique no ícone Palco à esquerda dos atores dos personagens.

2 Na aba Panos de Fundo, clique no botão Converter para Vetorial no canto inferior direito.

3 Clique na ferramenta Retângulo, clique na opção Sólido e escolha uma amostra de cor azul-claro para o céu.

4 Clique no canto superior esquerdo da Área de Edição, clique e arraste até aproximadamente a metade da tela.

5 Escolha um tom de verde para a grama, clique no canto inferior esquerdo da Área de Edição e arraste até a borda inferior do céu.

Não tem problema se houver um pouco de sobreposição.

Você pode fazer um céu realístico usando um *gradiente*, que lhe permite fazer uma mistura entre duas cores.

1 Clique na ferramenta Colorir uma Forma.

2 Clique na opção Gradiente Horizontal.

3 Clique na amostra de cor branca.

4 Clique no botão Trocar as Cores para trocar as cores do primeiro plano e do plano de fundo .

5 Clique em uma amostra de cor azul-celeste.

6 Clique dentro do retângulo do céu para substituir o plano de cor azul pelo gradiente.

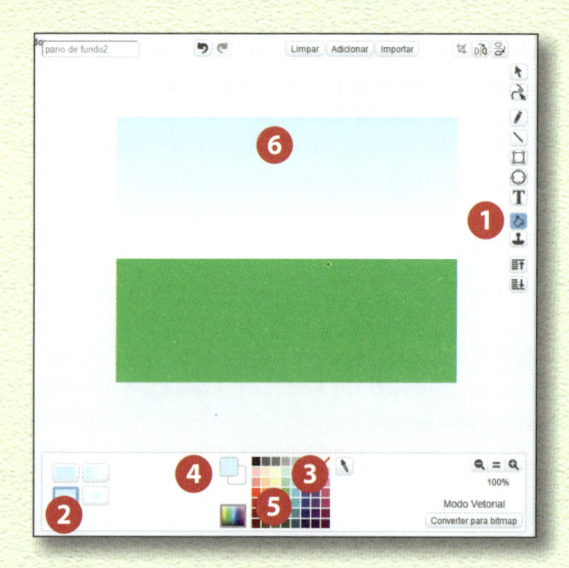

Geralmente, você vai querer que o céu brilhe mais na proximidade do horizonte e que fique mais escuro em direção ao topo da tela. Experimente também usar gradientes para o chão. (Escolhi um verde mais claro e um mais escuro.)

▢ Clique na ferramenta Retângulo e selecione uma amostra de cor cinza-escuro. Então clique e arraste do horizonte (a borda entre o céu e os retângulos do chão) até a parte inferior da tela.

Opa! Isso não se parece com uma estrada; isso arruína o agradável efeito gradiente do céu-sobre-grama e se parece mais com uma bandeira do que com uma paisagem.

DESENHE CENAS COM PERSPECTIVA

Usando perspectiva, você pode fazer alguns objetos parecerem estar distantes enquanto outros parecem estar bem próximos do espectador. Fazer a forma do topo da estrada mais estreita dará uma sensação melhor de perspectiva.

Clique na ferramenta Remodelar, clique no retângulo da estrada para selecioná-lo e clique e arraste os pontos do topo para que se aproximem.

Se você está com problema em alinhar os cantos superiores da estrada para fazer a linha reta do horizonte ou se você apenas é preguiçoso como eu, experimente este truque simples. Selecione o retângulo do céu, traga-o para a camada da frente (clique no botão Trazer Camada para Frente) e arraste sua base até que cubra o topo dos retângulos da grama e da estrada.

Você pode ajustar a distância entre os cantos esquerdo e direito para dar a sensação de largura e comprimento da estrada. A melhor parte é que a estrada atua como um guia para os demais objetos da cena.

Mesmo que sua cena não tenha uma estrada, desenhá-la inicialmente pode ser útil como um guia para posicionar e dimensionar seus objetos. Frequentemente começo com um pano de fundo como este:

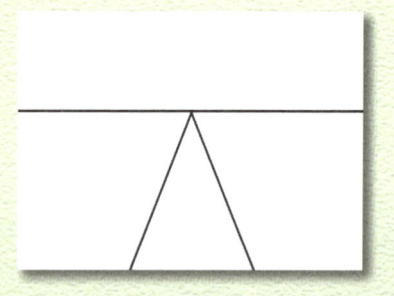

Para dar ilusão de distância, faça três pequenas árvores e as posicione juntas, ladeando a estrada:

1 Use as ferramentas de **Edição de Imagem** para desenhar sua primeira árvore (ou outro objeto).

2 Use a ferramenta **Duplicar** para arrastar a cópia até que se alinhe com a estrada.

3 Clique no botão **Descer um Nível** até que ela apareça atrás do primeiro objeto.

4 Use a ferramenta **Reduzir** para fazer cada árvore parecer menor do que a anterior.

5 Use a ferramenta **Selecionar** para mover a árvore para o seu lugar.

6 Repita os passos de 2 a 5 até que um lado da estrada se alinhe com os objetos.

Depois que você tiver completado um lado da estrada, você pode duplicar o grupo, girá-lo horizontalmente e arrastá-lo para o lugar no outro lado da estrada.

DIMENSIONE PERSONAGENS DENTRO DE UMA CENA

Outro elemento realmente importante que você deveria usar para ajudar a compor sua cena é a pessoa ou as pessoas que estarão nela. Eu construí estradas e plantações de árvores sem dar qualquer atenção para o quão grandes são esses objetos em relação à minha pequena zumbi.

A menos que isso seja *O Ataque da Garota-Zumbi de 20 metros*, seria melhor perceber o quão grande eu quero que ela pareça em relação à cena. Então vou deixá-la no palco como uma referência visual enquanto adiciono mais objetos.

Vou apagar as árvores e a estrada e começar de novo. Desta vez adicionarei objetos levando ambos em consideração: minha estrada (a saída levando em direção ao acampamento de verão) e *Zomberta*. Siga os mesmos passos que você seguiu para a cena anterior: comece com formas básicas e então as modifique e combine para fazer objetos mais complexos.

1 **Se o seu personagem ainda está escondido, clique no ator, pressione Shift e selecione Mostrar.**

2 **Use os botões Aumentar e Reduzir para redimensionar seu personagem.**

Quanto menor for o seu personagem, mais difícil fica de ver sua expressão (não é nada significativo para zumbis, mas importante para a maior parte dos personagens).

3 **Use a ferramenta Remodelar para ajustar a largura da sua estrada em relação ao seu personagem.**

4 **Comece adicionando objetos na proporção da estrada e do personagem.**

Quando eu estiver pronto para animar *Zomberta* na cena, usarei a perspectiva para padronizar o quão grande ela deve parecer em relação à distância em que está da estrada. A perspectiva também ditará quando ela deve estar na frente ou atrás dos outros objetos.

Haverá tempo de sobra para melhorar suas habilidades de produzir cenas mais realistas (balanceamento de cor, localização de objetos, criação de primeiro plano e pano de fundo) e lidar com perspectiva enquanto segue sua carreira de animação.

RÁPIDAS MELHORIAS DE CENÁRIO

Aqui estão algumas dicas para engrandecer suas cenas:

» **Use referências fotográficas:** Você pode usar a Web ou sua própria câmera para capturar imagens interiores e exteriores. Se você desejar desenhar sobre elas, certifique-se de convertê-las para o modo vetorial depois que importar sua foto como um ator ou um pano de fundo.

» **Aplique mais gradientes:** Gradientes não são só para o céu, chão e estrada. Tente gradientes horizontais, verticais e radiais nas árvores, nas construções ou no seu cereal favorito para o café da manhã. Gradientes radiais funcionam bem em objetos circulares, e os horizontais e verticais funcionam bem dentro de formas retangulares.

» **Adicione sombras:** Pense como você pode duplicar um ator, preenchê-lo com uma cor cinza-escura e remodelá-lo (como as árvores na primeira imagem deste projeto). Esteja atento: depois que você colocar uma sombra em um objeto, você deve colocá-la em todos os outros objetos ou sua cena poderá parecer incompleta.

» **Considere o clima:** Está um dia nublado? Chuvoso? Ensolarado?

» **Considere o tempo:** Especialmente para cenas exteriores, é importante escolher se é manhã, tarde ou noite.

PROJETO 4 SOA BEM PARA MIM

VOCÊ É COMO OS MEUS SOBRINHOS? Metade do tempo que você supõe estar assistindo à televisão, seus olhos nem mesmo estão na tela. Você está trocando mensagens de texto com alguém, vendo algo em seu *tablet*, jogando um jogo no *laptop* ou até mesmo fazendo o dever de casa. Um dos jeitos mais fáceis de prender sua atenção é apertando o botão Mudo do controle remoto, certo? "Ei! Eu estava *assistindo* àquilo." Isso ilustra como o som é importante ao se transmitir uma história.

ISSO É O QUE ELE DIZ

Nos projetos anteriores, você começou a pensar sobre sua história, desenhar alguns personagens e criar cenas interiores e exteriores. O próximo passo no processo de animação é adicionar diálogos.

O diálogo é tão importante no processo de animação que as vozes são gravadas bem antes de qualquer animação começar, porque sincronizar os personagens animados ao som é muito mais fácil do que tentar fazer com que o som caiba em uma animação finalizada. No mundo da animação, essa gravação de som inicial é a *faixa Scratch*. O quanto isso é perfeito?

Embora este projeto seja sobre gravação e reprodução de áudio, aqui está outra maneira de fazer seus personagens conversarem no Scratch. Se você adicionar um bloco de FALA para um personagem, qualquer texto que você digitar no bloco aparecerá em um balão de fala. Você pode até mesmo controlar por quanto tempo o balão de fala aparecerá usando o bloco DIGA POR SEGUNDOS.

ESCREVA DIÁLOGOS PARA SEUS PERSONAGENS

Ok, não me *odeiem*, mas, até mesmo se você quiser dar a sua voz a todos os seus personagens, é melhor escrever seu diálogo antes de começar a gravação. Você não precisa fazer com que isso se pareça um *script* ou algo do gênero – é apenas algo como isto aqui:

```
Hector: Como cheguei aqui primeiro, eu deveria
   escolher em qual beliche dormirei.
Zomberta: Cérebros... céééreeeebroooos!
Hector: Ok... Bem, gostaria da beliche de cima.
Lobisomem: Grrrrrrrrr!
Hector: Isso significa que está tudo bem ou o
   quê, menino-cão?
Lobisomem: Aaarrrrgggghhhh!
Hector: Ei, eu não estou te perguntando, estou
   apenas dizendo como me sinto.
Zomberta: Brrrrrr...
Hector: Ah, você também está com frio? Deixe-me
   fechar a janela! Sou mais alguém que executa
   do que um tipo inteligente.
Lobisomem: AAAAHHHHHWWWWHHHHOOOOOO!
Hector: Ok, relaxe um pouco, garotão. Rapaz,
   você poderia mesmo usar uma pastilha para o
   hálito. O que você comeu no almoço?
Zomberta: Cérebros!
Hector: Tipo um sanduíche de cérebros grelhados
   ou você os comerá ao lado do crânio mesmo? Só
   pra saber...
```

Não estou dizendo para você escrever exatamente como eu fiz; você pode rabiscar algumas linhas em um pedaço de papel. Você só precisa anotar um pouco do que pensou para as falas dos personagens (mesmo que isso seja apenas "Grrrrr!") antes de pressionar o botão Gravar. E, ainda, se você vai gravar vozes de qualquer outra pessoa, esta pessoa precisará de algo para ler, certo?

GRAVE DIÁLOGOS NO SCRATCH

Você já deve ter criado seus próprios personagens e talvez um pano de fundo ou dois para eles. Não faria sentido abrir um projeto que já tem os atores (porque ali estariam seus personagens também)?

1 Vá para **scratch.mit.edu** ou abra o Scratch 2 Offline Editor.

2 Se você estiver *on-line*, procure e abra o projeto que deseja copiar. Se estiver *offline*, escolha Arquivo, Abrir e selecione seu projeto.

3 Nomeie seu projeto. Se estiver *on-line*, clique no menu Arquivo e escolha Salvar uma Cópia. Se estiver *offline*, escolha Arquivo, Salvar Como.

Chamei minha versão de *Faixa de Áudio de Animação*.

4 Apague o gato.

Você pode adicionar um som a um projeto de três maneiras:

» Escolhendo um som da Biblioteca de Sons.

» Importando um arquivo de som (nos formatos .mp3 ou .wav).

» Gravando um som diretamente no Scratch.

Embora a Biblioteca de Sons tenha um monte de músicas e efeitos de som para que você escolha, ela não tem nenhum diálogo.

LOCALIZE O BOTÃO DE GRAVAÇÃO

No projeto anterior, você dispendeu mais o seu tempo no Editor de Imagens. Como você deve ter adivinhado, neste projeto você gastará mais tempo no Editor de Som.

Clique na aba Sons (à direita da aba Fantasias) para achar o Editor de Som.

Nota: Se você não tem um microfone conectado ao seu computador ou se deseja gravar o som em um dispositivo diferente (algo como um fone ou um gravador digital), clique no botão Carregar Som a Partir do Arquivo e passe adiante para a seção "Editando Ondas Sonoras".

Antes de começar a clicar, gravar e reproduzir, é importante decidir para onde cada som deve ir.

No Scratch, sons são manipulados do mesmo jeito que fantasias e scripts. Assim como cada ator tem diferentes fantasias e blocos de códigos, cada ator poderá também contar com variados sons. Como meu personagem, *Hector*, começa na primeira linha do diálogo, selecionarei seu ator antes de gravar:

1 **Clique no ator do personagem que vai falar (ou rosnar, ou chiar) e então clique na aba Sons.**

2 **Pressione Shift e clique no som de Estouro, que já aparece inicialmente, e escolha Apagar. Ou clique no X no ícone de Som para deletá-lo.**

Por padrão, cada ator já tem um som de Estouro. A menos que você planeje mantê-lo para seu personagem (se for atacá-lo com um rolo ou imitar um plástico bolha), você precisa apagar esse som.

3 Clique no botão Gravar Novo Som.

 Você pode pensar que o Scratch começaria a gravar assim que você clicasse no botão Gravar Novo Som. Nada disso! Aquele botão funciona como o botão Pintar Nova Fantasia; ele cria um *objeto* de som que aparecerá na coluna Novo Som do Editor de Som. Como se usa as ferramentas de desenho (Retângulo, Linha e outras) para adicionar formas a uma fantasia, Gravar adiciona um som a um objeto sonoro.

Se você tem mais de um personagem na sua animação, geralmente é uma boa ideia gravar cada uma de suas linhas separadamente. Mais para a frente, você aprenderá como usar blocos de código para controlar quando cada som será tocado.

● **1** Com o novo objeto de som Gravação 1 selecionado, clique no botão Gravar.

Se você está usando o Scratch em um navegador da Web, você pode ver uma mensagem como essa "**cdn.scratch.mit.edu** está solicitando acesso à câmera e ao microfone. Se você clicar em Permitir, sua comunicação pode ser gravada". Dã! Claro que você quer ser gravado; você clicou no botão Gravar! Clique em Permitir para permitir que o Scratch faça a gravação.

Se o microfone estiver ativado, a palavra *Gravar* deverá aparecer em laranja.

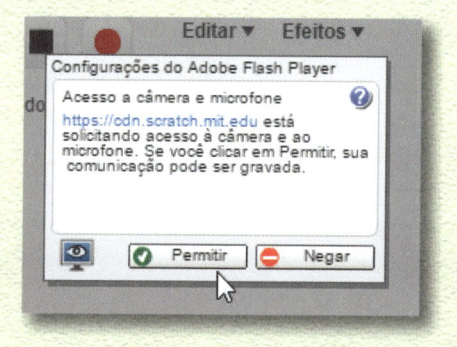

2 Fale!

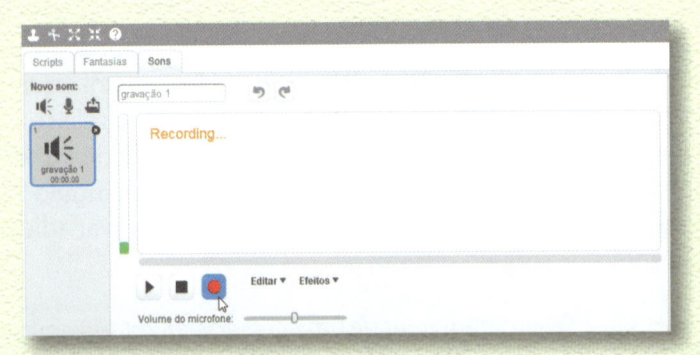

■ **3** **Clique no botão Parar para finalizar sua gravação.**

Enquanto você estiver falando, rangendo ou chiando, uma barra verde vertical deverá aparecer à esquerda dos controles de gravação. Essa barra mostra o quão alta sua voz soa através do microfone. Se sua voz estiver alta demais, você pode ver uma linha amarela ou vermelha aparecer próxima do topo da barra. Isso significa que o som está muito alto e pode ficar distorcido. Você pode também baixar seu tom de voz ou ajustar o controle deslizante de Volume do Microfone abaixo do botão Gravar. (Mova o controle deslizante para a esquerda, para um som realmente alto, ou para a direita, para que seus amigos fiquem perguntando: "O que ele disse?".)

EDITE CLIPES DE ÁUDIO

Editar suas gravações de áudio é um dos recursos mais legais do Scratch! Imagine se você suborna sua irmã mais velha para forjar a voz de um cientista maluco para o seu desenho animado; você se esforça para escrever seu diálogo, você aperta Gravar e ela comete um erro ou faz muitas pausas entre duas palavras. Em vez de gravar as linhas novamente, você pode cortar a parte que você não quer, tão facilmente como selecionar e apagar uma forma no Editor de Imagens.

Depois de finalizar a gravação de seu som, algo como isso deverá aparecer no Editor de Sons.

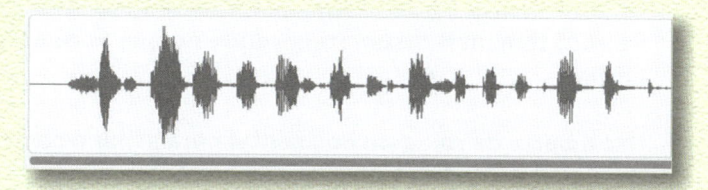

Essa linha preta com formas oscilantes é chamada de *onda sonora*, que é uma versão visual do som que você gravou.

▶ Eu *realmente* preciso falar para você clicar no botão Tocar para ouvir sua gravação? Sério? Caso você fique confuso para achar o botão, ele está ladeado pelos botões Parar e Gravar.

Agora que você gravou e reproduziu um som dessa maneira, vamos para a parte divertida: editar clipes de som!

◀ Quando estiver editando um longo clipe de som, você pode achar mais fácil expandir o Editor de Som. Escolha Editar, Disposição com Palco Pequeno ou clique no pequeno triângulo cinza entre o Palco e o Editor de Som para expandi-lo e contrair sua área de trabalho.

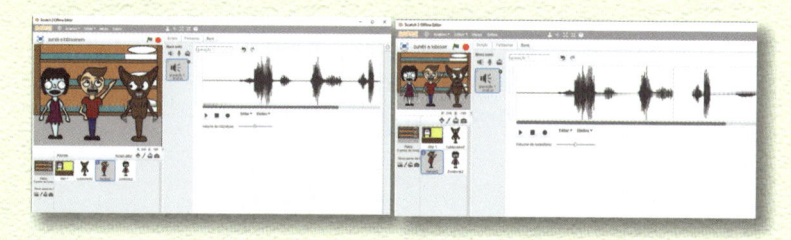

AJUSTE O COMEÇO DE UM SOM

Comece apagando o silêncio extra (onde a linha está completamente plana) no começo da onda sonora:

1 Selecione o ator em que você gravou o áudio e então clique na aba Sons.

2 Se você tem mais de um som, clique no que você deseja editar.

3 Use a barra de rolagem horizontal para achar o começo do som que você deseja usar.

4 Clique na onda sonora à direita do ponto em que o silêncio *termina* e arraste para a *esquerda*, por todo o caminho do começo da onda sonora.

5 Abaixo da onda de som, clique no menu Editar e selecione Apagar.

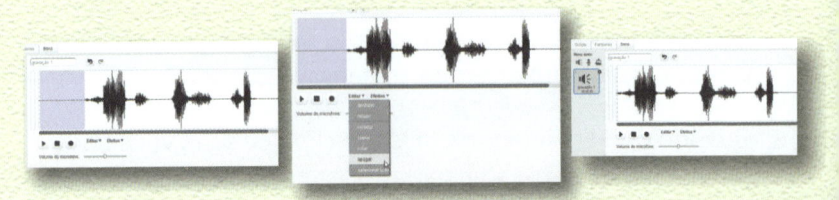

Ok, talvez você não ache que seja tão divertido excluir o silêncio. É um pouco como não excluir nada, certo? Mas confira isso: cada borrão representa uma palavra, e as linhas planas são os pedaços de silêncio entre elas (a menos que você fale tão rápido como meus amigos de Nova Iorque, que suas palavras praticamente se sobrepõem).

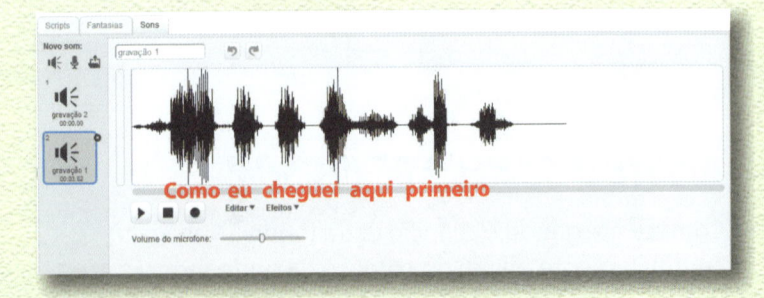

Você pode apagar uma palavra da mesma maneira que apagou o silêncio, clicando e arrastando através da palavra e então clicando em Editar, Apagar. O menu Editar também permite a você desfazer e refazer ações, copiar partes do seu áudio, colá-lo em outro lugar e selecionar toda a onda sonora.

USE EFEITOS DE EDIÇÃO DE SOM

O *Editor de Efeitos de som* permite a você modificar o volume ou qualquer parte da sua onda sonora, tanto como distorcer um som (é engraçado de se tentar, mas não é funcional para gravar diálogos, a menos que você queira que seu personagem esteja possuído por um demônio).

Tente deixar uma de suas palavras mais alta do que as outras na sua gravação:

1 **Clique e arraste para selecionar a parte da onda sonora que você deseja tornar mais alta.**

2 **Abaixo da onda sonora, clique no menu Efeitos e selecione Mais Alto.**

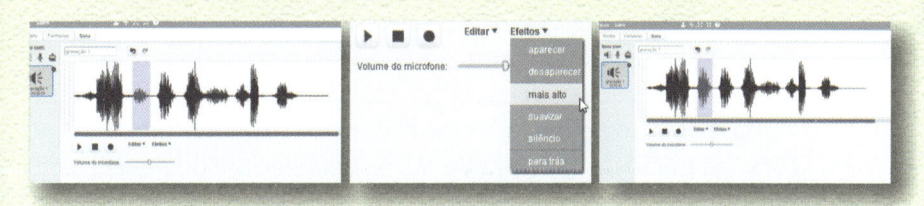

Repare como a parte da onda sonora fica maior depois que você aplica o efeito. O som pode até ser invisível no mundo real, mas não no Scratch!

REPRODUZA SONS COM BLOCOS DE CÓDIGO

Você já sabe como reproduzir um som no Editor de Som, mas como você vai fazer o som tocar durante a animação? Dois blocos de código fazem o diálogo começar quando o botão Bandeira Verde é clicado no Palco:

1 Clique no ator do personagem do qual você gravou a fala.

2 Clique na aba Scripts.

3 Clique na categoria Som.

4 Arraste o bloco Toque o Som *ou* o bloco Toque o Som Até para Dentro da Área dos Scripts.

5 Clique na categoria Eventos e então arraste e pressione o bloco QUANDO CLICAR EM BANDEIRA VERDE até o topo no bloco TOQUE O SOM:

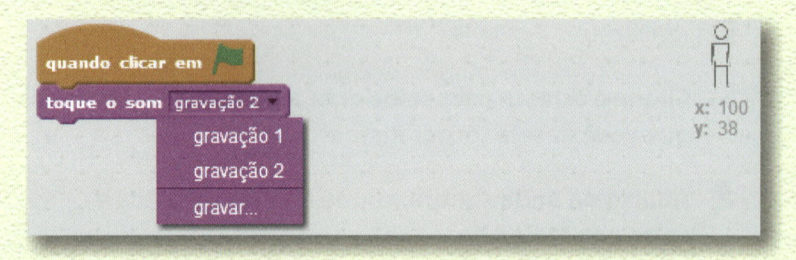

Se você tem mais de um som armazenado no ator do seu personagem, você pode escolher qual deles tocar usando o menu suspenso no bloco Toque o Som. Então quando você clicar no botão da Bandeira Verde, o som selecionado deverá ser tocado.

Qual é a diferença entre TOQUE O SOM e TOQUE O SOM ATÉ? Se você tiver mais blocos de códigos pressionados no espaço abaixo do bloco TOQUE O SOM, aqueles comandos rodarão *enquanto* o som estiver tocando. Se você usar TOQUE O SOM ATÉ, os outros blocos *não* rodarão até que o som tenha acabado de tocar.

Se você não quer que o som seja tocado imediatamente, coloque um bloco ESPERE sobre ele e selecione o número de segundos do atraso.

```
quando clicar em 🚩
espere 5 seg
toque o som gravação 2 ▾
```

x: 100
y: 38

ANIME A FALA DE UM PERSONAGEM

Se você gravou diálogos para um de seus personagens, o próximo passo lógico é fazer com que pareçam que estão falando. Você pode realizar isso de diferentes maneiras:

» Exibindo o personagem enquanto a gravação de voz estiver sendo tocada. (Dã!)

» Animando a boca do personagem. (Muito mais fácil falar do que fazer, certo?)

» Mostrando com quem ou com o quê o personagem está falando. (Tipo quando você só vê o Charlie Brown enquanto algum adulto invisível está dizendo: "Whuh wuh wh wh whaughhh".)

» Usando o recurso de *voiceover*, em que você vê o personagem, mas, quando ele começa a falar, você mostra qualquer outra coisa. (Você vê isso frequentemente em *flashbacks*, em que um personagem fala sobre algo que já aconteceu enquanto você vê algumas das coisas que ele está descrevendo.)

» Mostrando uma foto insuportavelmente fofa de um gato (não!) enquanto ouvimos seu personagem falando sobre algo completamente diferente de gatos insuportavelmente fofos.

Tirando a última, você verá uma combinação de todas essas técnicas sendo utilizadas em uma animação, às vezes até mesmo na mesma cena.

Em vez de arrastar ambas as fantasias e os blocos de código de um para outro ator, você pode também arrastá-los entre os atores. Esse recurso é útil se você sempre grava um áudio para o ator errado.

MIMETIZE AS PALAVRAS COM A BOCA

É mais provável que o tempo que você está disposto a investir para animar a boca de um personagem seja mais notável enquanto ele fala. Animadores se referem a isso como *sincronização de lábios*[1], o que significa combinar a imagem com o som.

A sincronização não deve ser difícil ou consumir muito tempo. Aposto que você já conhece o caminho mais fácil, em que a boca de um personagem apenas abre e fecha repetidas vezes enquanto ele está falando e permanece fechada enquanto ele não está falando. O clássico boneco de marionete manual funciona dessa maneira.

---

1 No original, *lip-synching*, em que *synch* é um diminutivo para sincronização (*synchronization*). [N. da T.]

Você notou como todos os personagens que desenhei no Projeto 2 começam com uma boca aberta? Isso permite que eu adicione dentes, uma língua ou ambos. Então posso apenas duplicar a fantasia e remodelar a boca para uma imagem dela fechada.

1 Selecione o ator que falará e então clique na aba Fantasias.

2 Pressione Shift, clique na fantasia com a boca do personagem aberta e selecione Duplicar.

3 Renomeie a primeira fantasia como *Boca Aberta* e a segunda como *Boca Fechada*.

4 Selecione a fantasia Boca Fechada.

5 Use a ferramenta Remodelar para modificar a boca até que pareça fechada.

Agora você deve ter o ator de um personagem com pelo menos duas fantasias (Boca Aberta e Boca Fechada), o diálogo gravado e um curto script (dois blocos de códigos) para fazer o áudio tocar assim que alguém clicar no botão Bandeira Verde.

SINCRONIZE LÁBIOS FACILMENTE

Você usará a sequência de blocos de códigos para alternar entre as fantasias de Boca Aberta e Boca Fechada enquanto o áudio está tocando:

1 Selecione o ator que falará e então clique na aba Scripts.

2 Arraste e pressione os blocos MUDE PARA A FANTASIA, ESPERE e REPITA até os outros dois blocos na Área dos Scripts:

```
quando clicar em 🚩
espere 5 seg
toque o som gravação 2 ▼
repita 8 vezes
    mude para a fantasia Boca Aberta ▼
    espere 0.25 seg
    mude para a fantasia Boca Fechada ▼
    espere 0.25 seg
```

x: 0
y: 0

Usei o menu flutuante para escolher Abrir no bloco MUDE PARA A FANTASIA e Fechar no outro. Eu também mudei o tempo no botão ESPERE do padrão de 1 segundo para 0,25 segundos e o valor do botão REPETIR para 8. No seu caso, você provavelmente terá que ajustar o valor de REPETIÇÃO para o seu personagem. Você percebe por quê?

Quando a Bandeira Verde é clicada, quero que a boca abra e feche *durante* a reprodução do áudio. Eu não sabia, inicialmente, que levaria 8 tempos de abertura e fechamento para coincidir com o áudio. A primeira vez, pensei em 10. Como era muito longo, tentei 6 e, então, finalmente 8. Você terá que ajustar os valores com base no comprimento do *seu* áudio. Você pode ainda tentar diferentes tempos no bloco ESPERE até que consiga o visual que deseja.

Se você não usar blocos ESPERE, as fantasias trocarão tão rapidamente que você não será capaz de ver as suas mudanças.

CONSIGA UMA SINCRONIZAÇÃO LABIAL MAIS REALISTA

Vá para um espelho, fique bem próximo a ele, fixe o olhar em sua boca e diga a palavra *donut* o mais devagar que você puder. Perceba como não só seus lábios mas também seus dentes e até mesmo sua língua se combinam de diferentes maneiras dependendo de qual letra ou som você está formando. Para o *d*, seus dentes começam juntos e sua língua fica no céu da boca. Quando você diz o *o*, sua boca se abre e então se fecha parcialmente, enquanto sua língua se dobra no céu da boca para o *n*. Sua boca abre para o *u* e volta à mesma posição do *n* para o *t*.

Não se preocupe: Você *não* precisa desenhar cada letra isolada do seu diálogo (isso levaria a eternidade)! Muitas pessoas falam tão rápido que você apenas vê pequenas distinções no formato da boca. Se você não acredita em mim, volte para o espelho e diga "I love donuts" do jeito que fala normalmente.

A chave para tornar a animação da fala mais realista é animar as formas da boca em momentos estratégicos, também conhecidos como *quadros-chave* (quadros em que algo importante se altera). Animadores se referem às formas básicas que sua boca produz para formar sons de vogais e consoantes como *fonemas*. Enquanto o alfabeto inglês tem 26 letras, existe uma quantidade diferente de fonemas porque muitas letras se sobrepõem na fala, tais como M, P e B (em que os lábios ficam juntos) e D e T (com a língua tocando a parte superior dos dentes).

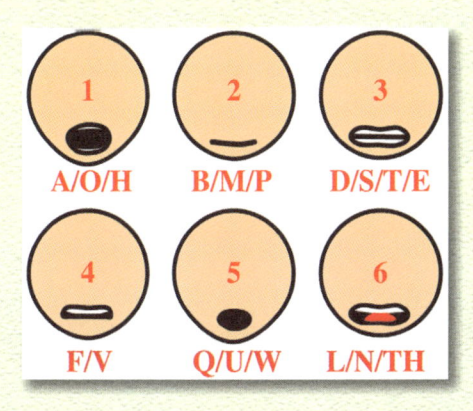

Então, se você está na mesma sintonia que eu, vamos fazer nossos personagens dizerem: "I love donuts". (Eu quero dizer, quem *não* ama donuts?) Vou trocar o ator para o de *Zomberta*. Certamente, zumbis amariam aqueles donuts com geleia sangrenta se eles os experimentassem:

1 **Clique no ator do personagem que falará e então clique na aba Sons.**

2 **Clique no botão Gravar Novo Som.**

3 **Renomeie um novo objeto de som como** Donuts.

4 **Clique no botão Gravar e diga: "I love donuts".**

5 **Clique no botão Parar.**

6 **Selecione qualquer silêncio que houver no começo da onda sonora e escolha Editar, Apagar.**

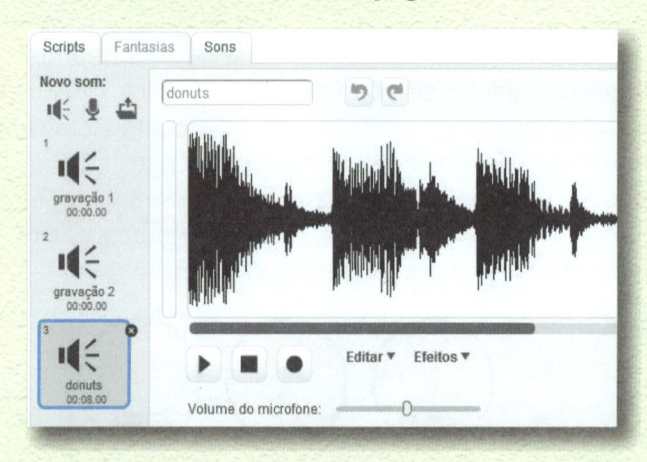

Quando sua gravação Donut estiver pronta, é hora de escolher os fonemas-chave para adicionar ao seu personagem. Aqui estão alguns que acredito que funcionarão melhor:

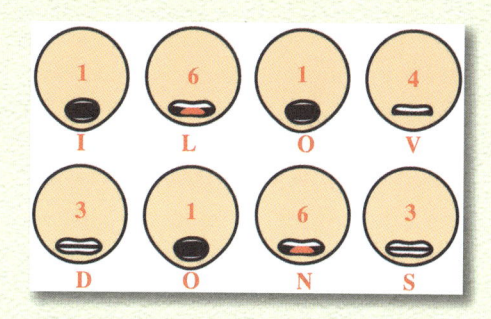

Viu o que falo sobre fonemas duplicados (usando a imagem #1 três vezes, a #3 e a #6 duas vezes)? Eu não criei fonemas para o *u* ou o *t* de *donuts*. Você percebe por quê? O *t* e o *s* são o mesmo fonema, e quando eu digo *donuts*, a ênfase fica na primeira sílaba ("DO-nuts"), então minha boca mal abre para o *u*.

CRIE FANTASIAS DE FONEMAS PERSONALIZADOS

Você só precisa dos fonemas 1, 3, 4 e 6 para sua sentença. Se você quer usar sua fantasia Boca Aberta para o #1, você precisa criar apenas mais três formas para a boca:

1 Selecione o personagem que você deseja animar e clique na aba Fantasias.

2 Pressione Shift, clique na fantasia Boca Aberta e então selecione Duplicar.

3 Renomeie a nova fantasia para corresponder à nova forma do fonema labial que você criou (tal como "D/S/T/E").

4 Use a ferramenta Remodelar para mudar a boca para a forma desejada do fonema.

5 Repita os passos de 2 a 4 para cada fonema restante.

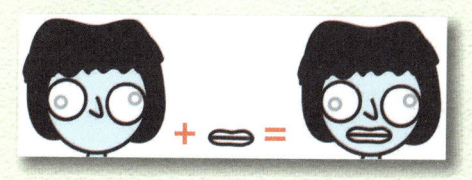

Quer economizar uma tonelada de tempo de animação? Por que não fazer um ator chamado Falando, com cada fonema como uma fantasia diferente? Então você pode colocar aquela boca em qualquer personagem no Palco. Esse truque permite que você anime o corpo do seu ator separadamente da boca e então duplique o ator em vez de criar uma série diferente de fonemas para cada personagem.

Depois de criar os fonemas de que precisa, tudo o que resta é sincronizá-los com a gravação de áudio.

TROQUE FANTASIAS PARA COMBINAR COM FONEMAS

Esteja certo de que você renomeou todas as suas fantasias; caso contrário a codificação será difícil:

1 Selecione o ator contendo as fantasias dos fonemas.

2 Clique na aba dos Scripts.

3 Arraste os seguintes blocos para a Área dos Scripts:

```
quando clicar em
toque o som donuts
mude para a fantasia L, N, TH
espere 1 seg
```
x: 0
y: 0

4 Pressione Shift clique no bloco MUDE PARA A FANTASIA, escolha Duplicar, arraste e pressione as cópias para o botão dos blocos atuais:

```
quando clicar em
toque o som donuts
mude para a fantasia L, N, TH
espere 1 seg
    mude para a fantasia L, N, TH
    espere 1 seg
```
x: 0
y: 0

5 Repita o Passo 4 até que você tenha um bloco MUDE PARA A FANTASIA e um bloco ESPERE para Cada Fonema.

6 Selecione o fonema em cada bloco MUDE PARA A FANTASIA.

7 Ajuste os valores do bloco ESPERE para que as fantasias dos fonemas se adaptem ao tempo da reprodução do áudio.

Meu script final se parece com a imagem a seguir (eu adicionei letras vermelhas *fora* do Scratch para mostrar quais blocos correspondem a cada parte do meu áudio donuts):

A forma final do *M* fecha a boca do personagem quando ele ou ela acaba de falar.

Depois de dominar os fonemas de *donuts*, você deve estar apto para sincronizar a fala de todos os seus personagens animados. A chave é achar as formas labiais mais importantes para qualquer palavra ou frase dada. E quanto mais rápido seus personagens falarem, menos fonemas você deverá utilizar. Se não for assim, a boca de seu personagem se moverá loucamente!

MAIS DICAS DE DIÁLOGO

» **Anime a mandíbula:** Quando você fala, não só lábios, dentes e língua se movem. Volte para o espelho e veja onde sua mandíbula fica quando você passa pelos fonemas. Isso é fácil de adicionar: apenas use a ferramenta Remodelar para ajustar a parte inferior da cabeça.

» **Anime olhos e sobrancelhas:** As pessoas tendem a levantar as sobrancelhas e abrir os olhos um pouco mais quando estão fazendo uma pergunta. De que outras maneiras você pode alterar os olhos de seu personagem quando ele está falando? (Seu espelho acena.)

» **Adicione piscadas:** A menos que seu personagem esteja em um concurso de manter o olhar fixo, tente acrescentar piscadas adicionais para torná-lo mais realista (ou uma piscadela para que consiga um encontro).

» **Anime as mãos:** Você já reparou como algumas pessoas movem suas mãos enquanto falam, como se elas estivessem regendo uma orquestra (ou como se tentassem distrair alguém enquanto roubam sua carteira)?

» **Tente o Audacity:** O Audacity (audacity.sourceforge.net) é um editor de áudio gratuito que confere um maior controle sobre a edição de áudio do que você pode ter no Scratch. Algumas de suas maiores vantagens são permitir o uso de zoom para ampliar e reduzir as ondas sonoras, mostrando informações de tempo precisas, acelerar e retardar o áudio e adicionar efeitos de som mais sofisticados.

PROJETO 5 LUZ, CÂMERA, AÇÃO!

VOCÊ JÁ MONTOU A SUA HISTÓRIA, ESCOLHEU SEU ELENCO, CRIOU PANOS DE FUNDOS E GRAVOU ALGUNS DIÁLOGOS. Agora é o momento de colocar todos os elementos juntos na animação. A mistura de *design* e dicas de programação neste projeto pode simplificar seu processo de animação.

(NÃO) COMECE DO ZERO[1]

Você deveria começar abrindo um projeto que contenha alguns personagens, panos de fundo e sons (preferencialmente os três) que você quer incluir na sua animação. Eu uso os *meus* personagens, panos de fundo e sons em todo este projeto, enquanto você deveria usar os *seus*.

CRIE UMA CENA NOTURNA

Quero que minha primeira cena seja no interior do apartamento do *Hector*, à noite. Mas e se o personagem e o pano de fundo que desenhei se parecem com isto:

---

1 *Starting from scratch*, no original, cria um trocadilho que pode ser traduzido tanto como "começar do Scratch" quanto como "começar do zero". (N. da T.)

Isso se parece com uma cena noturna? Isso se parece com um dia ensolarado ao meio-dia. O que eu poderia mudar para fazer com que a cena pareça noturna e se torne mais dramática?

Certamente, devem existir alguns truques no Scratch que podem salvá-lo para trocar uma cena de um brilhante dia de sol para uma dramática cena noturna, certo? Para os iniciantes, esta janela é um grande presente: poderia estar escuro lá fora. No Projeto 3, mostro a importância de se ter paredes de fundo como atores em vez de panos de fundo para que você possa colocar outros gráficos atrás delas, como isto aqui:

E se eu lhe dissesse que somente um único bloco de código pode fazer com que lá fora pareça estar ainda mais escuro? Esconderei *Hector*, seu sofá e a parede pressionando Shift e clicando em cada um desses ícones de atores abaixo do Palco e escolhendo Esconder. (Eu os colocarei à mostra mais tarde.)

Alguns usuários do Scratch nem mesmo pensam em adicionar um código aos seus panos de fundo, mas muitos blocos na categoria Aparência funcionam para os panos de fundo. Um deles pode ajudá-lo a transformar o dia em noite:

1 Clique no botão Palco, localizado à esquerda dos seus ícones de atores.

2 Clique na aba Scripts.

3 Clique na categoria Aparência.

4 Na área dos Scripts, clique uma vez no bloco MUDE O EFEITO.

Dentro do bloco MUDE O EFEITO, escolha Brilho, mude o valor para **50** e então clique uma vez no bloco. O que acontece com o pano de fundo? Ele fica um pouco mais brilhoso. Se você trocar para o valor máximo de **100**, o pano de fundo ficará completamente branco. Então como você poderia torná-lo mais escuro? Tente um número negativo!

ajustar Brilho para 50

ajustar Brilho para 0

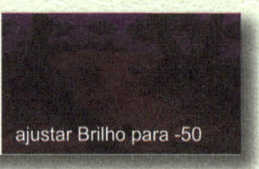
ajustar Brilho para -50

Reparo que -35 funciona bem para minha cena exterior. Trarei à mostra (pressione Shift, clique e selecione Mostrar) a parede, o sofá e *Hector* para ver como a cena está depois disso.

Melhor. Mas e se eu quiser trazer a escuridão para o *interior* da casa?

APAGUE AS LUZES

E se você pudesse colocar uma cortina preta ao longo de toda a cena e então a fizesse parecer parcialmente transparente? Aí é onde o efeito *Fantasma* entra! (**Palpite:** Não é só para fantasmas.)

1 Abaixo do Palco, clique em Pintar Novo Ator.

2 Clique na aba Fantasias.

3 Clique na ferramenta Preencher com Cor.

4 Clique na amostra de cor preta.

5 Clique na opção cor Sólida à esquerda das amostras de cores.

6 Clique na Área de Edição para preenchê-la com o preto.

7 Clique e arraste o novo ator para cobrir o Palco.

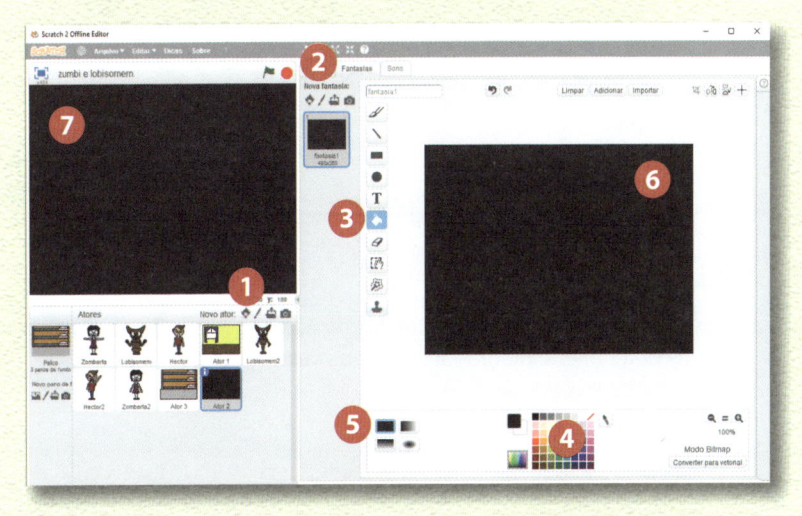

A menos que você deseje que fique completamente escuro, você precisa arrastar o bloco MUDE O EFEITO para a nova Área dos Scripts do ator, juntamente com o bloco QUANDO CLICAR EM BANDEIRA VERDE. Talvez seja bom adicionar um bloco VÁ PARA X Y, também, e então selecionar em ambos o valor **0** para garantir que o ator fique centralizado no Palco.

Quando você trocar os valores do bloco MUDE O EFEITO para **Fantasma** e **35** e clicar no bloco BANDEIRA VERDE, sua cena escurecerá. Você pode ajustar o valor para que se adeque ao seu gosto.

FADE-IN E FADE-OUT

Você pode atingir um efeito de *fade-in* no começo de uma cena alterando gradualmente os valores do Fantasma de **0** a **100**.

```
quando clicar em
mude o efeito fantasma para 0
repita 100 vezes
    adicione ao efeito fantasma 1
```

Para esmaecer o fim de uma cena até a escuridão, selecione o valor **100** de Fantasma e o mude para **-1**.

```
quando clicar em
mude o efeito fantasma para 0
repita 100 vezes
    adicione ao efeito fantasma -1
```

CÂMERA (OU COMO EU LIGO O FOCO?)

Você percebe como os animadores alternam entre rápidos cortes para mostrar a cena completa e closes que podem mostrar somente partes de um personagem (mais frequentemente o rosto)?

Nas três imagens seguintes, usei o bloco MUDE O TAMANHO para trocar o tamanho de *Hector*, da janela e do sofá de 100% para 250% e para 500%:

Espere um minuto! Por que há uma pequena diferença entre o tamanho do rosto de *Hector* na segunda e na terceira imagens? O Scratch tem limitações no quanto você pode aumentar o tamanho quando usa blocos de APARÊNCIA. Felizmente, eu posso fazer *Hector* maior com o Editor de Imagens.

AUMENTE O TAMANHO DA FANTASIA

Você pode aumentar o tamanho da fantasia de um personagem agrupando as formas e usando a ferramenta Crescer, próxima do topo do Editor de Imagens. É uma boa ideia duplicar uma fantasia antes de mudar seu tamanho, assim você pode retornar rapidamente para seu tamanho original.

1 Clique na aba Fantasias.

2 Pressione Shift, clique na fantasia atual e selecione Duplicar.

3 Clique na nova fantasia para selecioná-la.

4 Troque o nome da fantasia para Ampliado.

5 Clique na ferramenta Selecionar.

6 Clique e arraste ao redor de todas as formas da fantasia.

7 Clique no botão Agrupar.

8 Clique na ferramenta Aumentar e clique diversas vezes na fantasia para aumentar seu tamanho.

Para cenas interiores, você pode trapacear preenchendo o pano de fundo das fantasias com a cor da parede (então você não precisará redimensionar outros atores na cena).

Uma câmera é capaz de mais do que apenas aumentar ou diminuir o zoom dos personagens. Outra técnica cinematográfica frequentemente empregada é alternar perspectivas, tais como ver um personagem de frente ou de lado.

CRIE UMA VISÃO TRASEIRA DOS PERSONAGENS

Terminei o Projeto 3 com a visão das costas de *Zomberta*, como se ela caminhasse em direção a uma cabana no campo à distância.

A sequência seguinte de imagens mostra como eu modifiquei o ator de uma visão frontal para uma traseira colocando seu cabelo por cima de seu rosto e depois mandando os seus braços para uma camada atrás.

Depois que você tem uma visão frontal de cada personagem, você pode alternar entre elas se estiver animando um encontro.

Se você não gostar de ter uma parede em branco atrás de *Zomberta*, você pode tentar posicionar o ator de parede para que a janela apareça do outro lado.

CRIE UMA VISÃO LATERAL DOS PERSONAGENS

A visão lateral é mais frequentemente usada para personagens caminhando ou correndo. Veja como você pode mudar a visão frontal de *Hector* para lateral usando a ferramenta Remodelar.

Você pode gastar dias (e até mesmo semanas) ajustando a perspectiva de cada personagem. O Scratch facilita a troca posterior das fantasias. Então você não precisa gastar muito tempo em cada ângulo de visão até que saiba de qual deles sua animação realmente precisará.

AÇÃO! (OU VAMOS DAR MOVIMENTO À HISTÓRIA)

Finalmente chegou a hora de dar vida aos seus personagens, contar sua história e impressionar seus amigos, sua família e seus colegas de classe. Se você se sentir frustrado, confira os créditos de qualquer filme de animação para se lembrar de quantas pessoas trabalham juntas para fazer uma história acontecer. Se você aprecia uma parte do processo muito mais do que outras, talvez seja a hora de recrutar alguns colaboradores.

ANIME UM ATOR INSERIDO NA CENA

Para poupar tempo, usarei uma técnica "barata" de caminhada, em que um personagem permanece encarando a câmera e salta como se oscilasse para cima e para baixo:

1 Clique e arraste seu ator até a posição *final* do Palco (ou onde você desejar que o personagem fique no Palco).

2 Clique na aba Scripts.

3 Arraste os seguintes blocos para a Área dos Scripts e mude seus valores para que se adaptem melhor ao seu ator e à cena:

> quando clicar em ▶
> vá para x: 240 y: 36
> deslize por 4 seg até x: -28 y: 36

Quando você clica no botão Bandeira Verde, você deve notar que o personagem parece estar sendo puxado pelo chão em vez de caminhando.

ADICIONE UMA CAMINHADA (LIGEIRAMENTE) MAIS REALISTA

Quando as pessoas caminham, elas não fazem apenas movimentos horizontalmente ao longo do chão. Em cada passo, seus corpos inteiros também se movem para cima e para baixo. Substituir aquele bloco DESLIZE pelos seguintes blocos de código é um jeito rápido de fazer a caminhada do seu personagem mais verossímil.

1 Clique na aba Scripts para o ator do seu personagem.

2 Apague o bloco DESLIZE abaixo do bloco VÁ PARA X Y. (Pressione Shift, clique e selecione Apagar.)

3 Arraste e encaixe os seguintes blocos no botão do bloco de VÁ PARA (exibido) e mude seus valores para corresponderem:

```
vá para x: 240 y: 36
repita até que  x posição  <  -28
    adicione 3 a y
    adicione -10 a x
    espere .2 seg
    adicione -3 a y
    adicione -10 a x
    espere .2 seg
```

Quando você clica no botão Bandeira Verde, seu personagem ganha uma caminhada mais verossímil. Você pode ajustar os valores do botão ESPERE, para que seu personagem fique um pouco mais devagar ou rápido, e mudar os valores X e Y para uma caminhada que aparente ser mais natural.

TRANSMITA MENSAGENS NA ANIMAÇÃO

Quando um personagem alcança o seu destino, como você manda uma mensagem para outros atores e panos de fundo fazerem seu trabalho? Aqui é onde a *transmissão* entra!

ENVIE UMA MENSAGEM DE TRANSMISSÃO

Deixe-me mostrar como transmito uma mensagem de que *Hector* está entrando no quarto quando surge um relâmpago, um efeito de som é desencadeado e então o lobisomem de repente aparece:

1 Clique na Área dos Scripts para o ator de seu personagem e então clique na categoria Eventos.

2 Arraste e encaixe um bloco ENVIE A TODOS E ESPERE, no botão dos blocos de *caminhada* (a REPETIÇÃO que você criou na seção precedente).

3 Clique em Mensagem 1 dentro do bloco ENVIE A TODOS E ESPERE e escolha Nova Mensagem.

4 Digite Iluminar **e clique Ok para adicionar uma nova mensagem de transmissão:**

```
adicione -10 a x
espere .2 seg
envie Iluminar ▼ a todos e espere
```

O ator transmitirá uma mensagem de *Iluminar* depois que as reproduções dos blocos de REPETIÇÃO terminarem. Mas enviar uma transmissão é apenas a primeira parte. Você precisa dizer aos atores o que eles devem fazer ao *receber* a mensagem.

RECEBA UMA MENSAGEM DE TRANSMISSÃO

Você precisa arrastar o bloco QUANDO RECEBER para dentro da Área dos Scripts para cada ator que você quiser que reaja à mensagem de transmissão. Quando ela é recebida, qualquer bloco anexado ao QUANDO RECEBER será executado.

Aqui está a forma de como criar um relâmpago fora da janela:

1 Clique no botão Palco e então clique na aba Scripts.

2 Arraste os seguintes blocos para dentro da Área dos Scripts alterando seus valores para os correspondentes:

```
quando clicar em ⚑
mude o efeito brilho ▼ para -35

quando clicar em ⚑
mude o efeito brilho ▼ para 50
espere 0.5 seg
mude o efeito brilho ▼ para -35
```

Você pode desencadear um efeito de som simultâneo encaixando um bloco TOQUE O SOM entre os blocos QUANDO RECEBER e MUDE O EFEITO BRILHO para:

Pegou a ideia? Cada evento na sua história pode desencadear tantos blocos de código quanto você desejar via transmissão e recebimento de mensagens, como um diretor gritando instruções para os atores e técnicos durante um ensaio.

ALTERNE ENTRE CENAS DE ANIMAÇÃO

Para alternar as cenas na sua animação, você precisa de uma maneira de esconder os atores que compõem a sua primeira cena e exibir os atores que compõem sua segunda cena, bem como alterar os panos de fundo que possam aparecer.

Como você manda uma mensagem para esconder ou mostrar diversos atores e trocar os panos de fundo? Aqui está outro uso ideal das transmissões:

1 Adicione o seguinte código para cada ator que você deseja mostrar no começo de sua animação e depois esconder na sua segunda cena:

```
quando clicar em 🚩
mostre

quando receber Cena 2 ▼
esconda
```

2 No bloco QUANDO RECEBER, selecione Nova Mensagem, digite Cena 2 e então clique em Ok.

3 Adicione o seguinte código para cada ator que você deseja esconder no começo de sua animação e mostrar na Cena 2:

```
quando clicar em 🚩
esconda

quando receber Cena 2 ▼
mostre
```

4 Se você precisar mudar seu pano de fundo entre a primeira e a segunda cenas, clique no ícone Palco e adicione o seguinte código na Área dos Scripts:

```
quando receber Cena 2 ▼
mude para o pano de fundo pano de fundo da cena 2 ▼
```

5 No bloco MUDE PARA O PANO DE FUNDO, selecione o nome do pano de fundo que você deseja usar para a Cena 2.

Você notou que falta algo? Você precisa do bloco que *envia* a mensagem de transmissão! Para onde o bloco ENVIE A TODOS deveria ir? Ele deve ficar abaixo do último bloco que for executado na Cena 1.

Qual é a última coisa que acontece na Cena 1? Na minha história, a última coisa que codifiquei foi o apagamento das luzes. Então eu preciso que o bloco ENVIE A TODOS Cena 2 vá para o ator Escuridão.

Pode ainda ser uma boa ideia adicionar uma pausa no fim da sua cena para um efeito dramático usando outra TRANSMISSÃO ou um simples bloco ESPERE.

LEIA MAIS SOBRE ANIMAÇÃO

Os seguintes sites oferecem toneladas de dicas, técnicas e tutoriais para expandir suas habilidades.

» **www.scratch.mit.edu**: Vem cá, eu não sou o único animador do Scratch por lá (e estou certo de que nem o melhor!). Se você procurar por tutoriais de animação, achará milhares de projetos e centenas de estúdios que dão conta de uma ampla gama de estilos.

» **www.youtube.com**: No YouTube, você tem os melhores resultados quando digita uma busca específica. Tente procurar por "tutorial de animação no Scratch", "tutorial simples de animação" ou "tutorial de animação 2d". (Se você está em um computador que bloqueia o acesso ao YouTube, tente **www.schooltube.com**.)

» **www.vimeo.com**: Entre com os mesmos termos de pesquisa que você usou no YouTube para achar vários tutoriais únicos. Por exemplo, o tutorial *Os Seis Passos da Animação* é uma boa introdução para as técnicas de animação mais tradicionais que também podem ser aplicadas no Scratch.

» **www.animatorisland.com**: Uma comunidade construída para compartilhar técnicas de animação de narrativas de desenhos com efeitos especiais.

» **www.jerrysartarama.com/art-lessons/Skill-Level/Kids/**: Não deixe que este endereço longo do site o assuste. Este site tem um monte de boas artes e tutoriais de *design*.

» **diy.org/tags/animation**: A comunidade *on-line* ideal para crianças que gostam de fazer coisas, criar todo tipo de arte, aprender sobre o mundo que as cerca e experimentar de tudo, desde cozinhar até apicultura.

E CORTA!

O mundo da animação tem muitas possibilidades. Se você for à sua biblioteca ou livraria favoritas, você achará um monte de livros dedicados à animação, desde a clássica abordagem dos desenhos a mão até a de câmera lenta e animação gráfica. Na próxima seção, você achará vários bons recursos para inspirar e expandir suas habilidades de animação.

NOTAS DO AUTOR

AINDA HÁ MUITO QUE EU NÃO COMPARTILHEI! Honestamente, eu só *arranhei*[1] a superfície do poder da programação nesses blocos multicoloridos. Mas em vez de tentar espremer mais um projeto de jogo, eu gostaria de compartilhar algumas dicas importantes para seus projetos no Scratch.

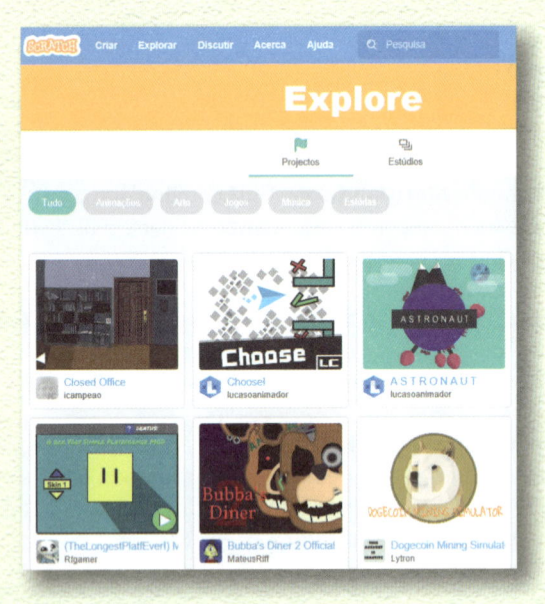

COMPARTILHE SEUS PROJETOS NA COMUNIDADE ON-LINE DO SCRATCH

Por padrão, você é a única pessoa que pode ver os seus projetos no Scratch. Para permitir que outros usuários vejam seus projetos, os alterem ou os adicionem aos seus estúdios, você deve habilitar o compartilhamento. Compartilhar um projeto torna-o acessível a todos os usuários ao redor do mundo. Então você deve deletar

---

1 Há um jogo de palavras com o nome do aplicativo, que no original é *scratching*. (N. da T.)

qualquer informação pessoal ou outros elementos (guardar atores, blocos e sons) que você não quer que estranhos vejam. Se o seu projeto ainda não está completo, clique na caixa Rascunho antes de compartilhar para informar às pessoas que aquele é um trabalho em andamento.

COMPARTILHE UM PROJETO A PARTIR DO SCRATCH ON-LINE EDITOR

1 Vá para **www.scratch.mit.edu e entre na sua conta.**

2 Clique na seta ao lado do seu *login* e, em seguida, no botão Minhas Coisas, no canto superior direito da página da Web.

Legenda da imagem: Você pode ver quais projetos já compartilhou lendo as informações no canto direito; se o projeto não foi compartilhado, você verá a opção de Apagar o seu projeto. Se já foi, você verá a opção de Não Compartilhar mais.

3 Clique no título do projeto que deseja compartilhar.

4 Clique no botão de Compartilhamento.

5 Preencha o box de instruções e o de notas e créditos e escolha uma das três etiquetas.

COMPARTILHE UM PROJETO A PARTIR DO SCRATCH OFFLINE EDITOR

Se você está usando o software *offline*, clique no menu Arquivo e selecione Compartilhar no site. Você precisará entrar na sua conta do Scratch e então seguir os passos de 2 a 5 da seção anterior.

TRANSMITA UMA ANIMAÇÃO DO SCRATCH EM QUALQUER SITE

Você viu como compartilhar um projeto do Scratch permitindo que usuários logados no site o vejam e o alterem. Você pode ainda disponibilizar seus projetos no seu próprio blog ou em outro site.

1 Vá para **www.scratch.mit.edu** e entre na sua conta.

2 Clique no botão Minhas Coisas, no canto superior direito da página do site.

3 Clique no título do projeto que você deseja compartilhar com outro site.

4 Se esse projeto ainda não foi compartilhado, clique no botão Compartilhar.

5 Clique no botão Incorporar.

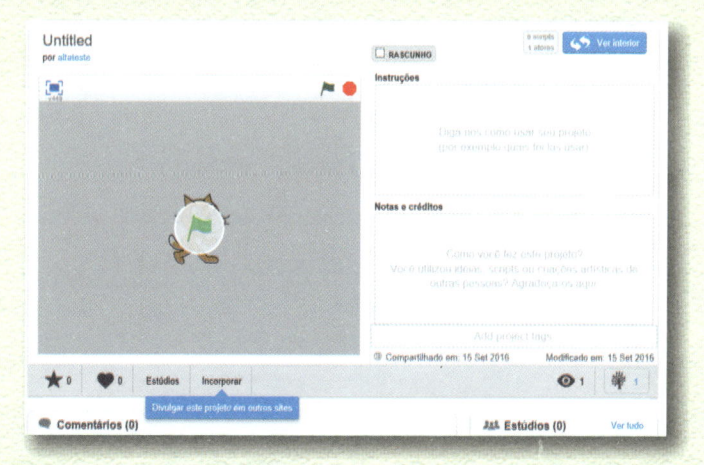

6 Selecione e copie o código html incorporado.

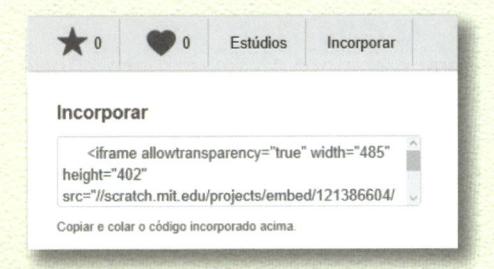

7 Cole o código no seu blog ou site externo.

GRAVE/EXPORTE VÍDEOS DO SCRATCH

Você pode gravar ou exportar um vídeo do seu projeto do Scratch, mas este recurso está atualmente limitado a 60 segundos ou menos. Dependendo do tipo de computador que você tiver, talvez precise baixar um outro programa, tal como o VLC Media Player (**www.videolan.org**) para rodar o arquivo. Esse arquivo roda no YouTube, Vimeo e Facebook, mas talvez precise ser convertido para usá-lo em outros sites, tais como Twitter ou Tumblr:

1 Abra seu projeto.

2 A partir do menu Arquivo, escolha Gravar um Projeto de Vídeo.

Você precisa estar logado para ver essa opção.

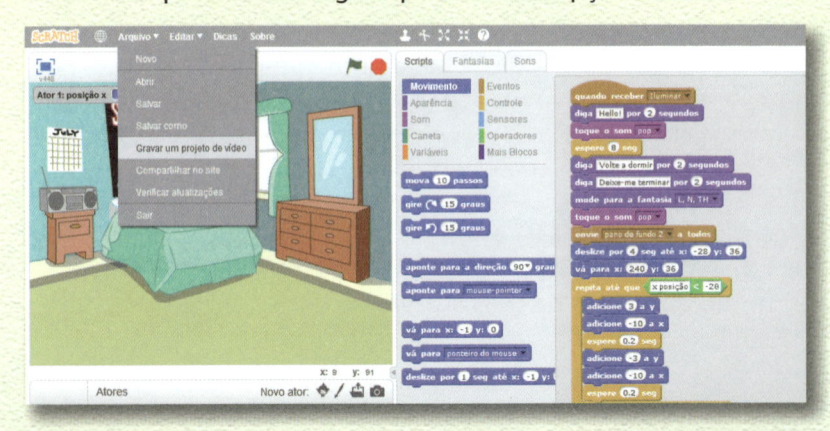

3 No menu Mais Opções, selecione Opções de Gravação (tais como gravação de som e cliques do mouse).

4 Para gravar o começo do seu projeto, clique no botão Começar. Ou se você desejar gravar depois do projeto iniciado, clique no botão Bandeira Verde.

5 Clique no botão Parar Gravação (abaixo do Palco).

Depois que você tiver gravado 60 segundos, o Scratch vai cortar o vídeo automaticamente.

6 Clique no botão Salvar e Baixar para fazer o *download* do arquivo para o seu computador.

EXPORTE GRÁFICOS DO SCRATCH PARA OUTROS APLICATIVOS

Uma vez que você tenha dominado as ferramentas de bitmap, de vetor e as técnicas de *design* no Scratch, não seria fantástico se você pudesse projetar gráficos para outros aplicativos, tais como Microsoft Word e PowerPoint? Ou se você fosse capaz de imprimir seus gráficos em qualquer tamanho? Um botão fácil de achar (Carregar Arquivo) permite que você importe gráficos dentro do Scratch, mas muitos usuários não sabem que os gráficos podem ser exportados. Dessa maneira, os aquivos podem ser salvos no seu computador e depois usados como outros arquivos de gráfico.

1 Abra seu projeto.

2 Selecione um de seus atores.

3 Clique na aba Fantasias.

4 Pressione Shift, clique na fantasia com o gráfico que você deseja exportar e escolha Salvar em Arquivo Local.

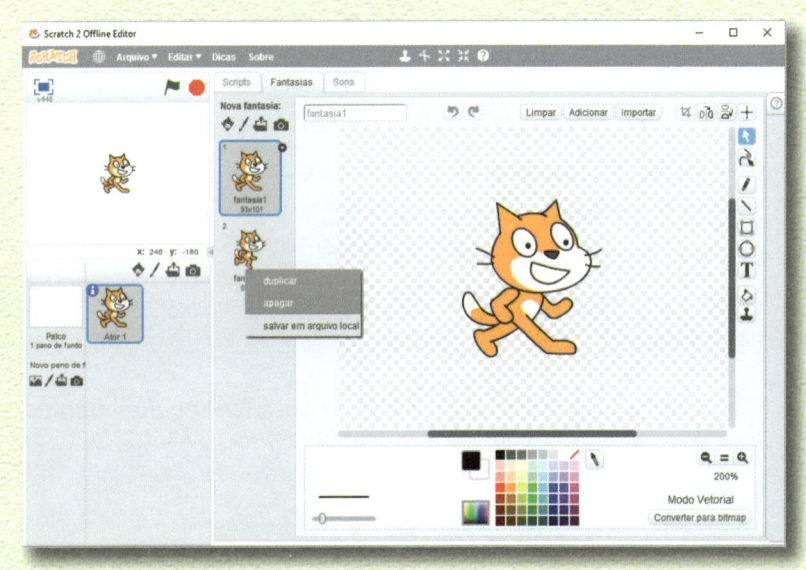

5 Escolha o local em que você deseja salvar o arquivo no seu computador e então clique em Salvar.

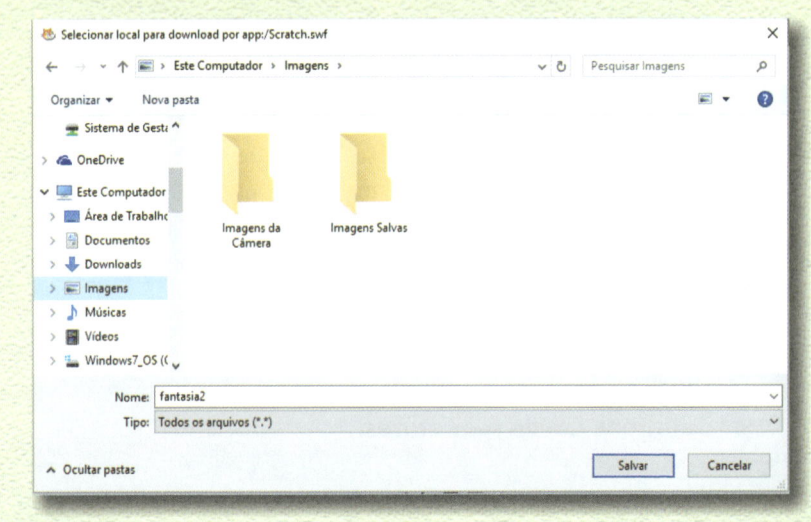

O gráfico vetorizado será salvo no formato SVG (Scaleable Vector Graphics), e os gráficos em bitmap serão salvos no formato PNG (Portable Network Graphics). Enquanto os gráficos em PNG são suportados por diversos aplicativos, os arquivos em SVG talvez precisem ser convertidos. (Nem o Word nem o PowerPoint permitem que você importe gráficos em SVG atualmente.) Felizmente, você pode converter seus gráficos vetoriais diretamente dentro do Scratch clicando no botão Converter para Bitmap antes de exportar a sua fantasia.

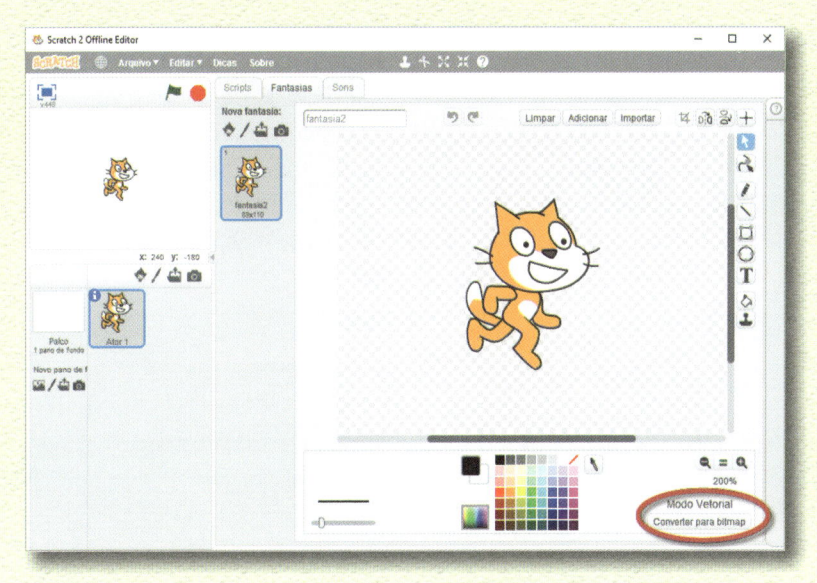

Amplie sua fantasia vetorizada tanto quanto puder antes de clicar no botão Converter para Bitmap, para exportar a imagem com a maior resolução possível.

DEDICATÓRIA

Para meu pai – obrigado por promover o meu amor pelo desenho!

SOBRE O AUTOR

Derek é autor de *Scratch For Kids* (da coleção *For Dummies – Para Leigos*). Ele é membro fundador do IDIEM – Instructional Design and Interactive Education Media Association e é um membro ativo da comunidade ScratchEd – Scratch Educator. Mais recentemente, Derek trabalhou como designer gráfico para a StarLogo Nova project no MIT, como professor associado de Design Instrucional na Harvard Extension School e como desenvolvedor de currículo para a i2 Camp. Ele é ainda um embaixador da Europe Code Week (**codeweek.eu**) e da Africa Code Week (**africacodeweek.org**).

AGRADECIMENTOS DO AUTOR

Agradeço aos funcionários do editorial da Wiley, especialmetne a Amy Fandrei e à sensacional Susan Pink.

Sem o trabalho pioneiro do Grupo Lifelong Kindergarten do MIT Media Lab, eu estaria apenas coçando[2] a minha cabeça (e desejando por algo como o Scratch para ajustar as ideias caóticas da minha mente). Agradeço a Mitchel e Natalie e a dezenas de pessoas que trabalharam com eles no desenvolvimento do Scratch e na manutenção de sua comunidade *on-line*.

Sou grato a Daniel Wendel, Wendy Huang e Josh Sheldon, por me mostrarem a verdadeira força dos blocos básicos de programação, e a Eric Klopfer, pela minha contratação na família StarLogo.

Sou constantemente inspirado pelos meus colegas de educação tecnológica de Massachusetts, Nova Iorque e adjacências, especialmente por Cynthia Solomon, Margaret Minsky, Karen Brennan, Sharon Thompson, Keledy Kenkel, Stephen Lewis, Andrea Meyer, Horst Jens, Martin Wollenberger, Claude Terosier, Joek van Montfort e Stephen Howell.

O pessoal vibrante do IDIEM – Instructional Design and Interactive Education Media Association – me deu a confiança para tocar este projeto, especialmente meus bons amigos Chad Kirchner, Julie Mullen, Diana Ouellette, Ben Mojica, Karen Motley, Jason Alvarez, Jean Devine e Steve Gordon.

Também estou em dívida com os fabulosos cursos ED103 e ED113 da Havard Extension School, sob a direção magistral de Stacie Cassat Green e Denise Snyder.

Não teria havido muitas dicas e truques ao longo deste livro se não fosse a inestimável Scratch Wiki (**www.wiki.scratch.mit.edu**) e os Fóruns de Discussão do Scratch (**www.scratch.mit.edu/discuss**).

Então, aqui há os Onoratos... os Breens... os Dowdens... os Nangeronis e os Tupelo-Schnecks por SEMPRE estarem lá!

---

2 Do original, *scratching*, um trocadilho com o nome do aplicativo.

AGRADECIMENTOS DA EDITORA WILEY

Editor de aquisições: Amy Fandrei

Editor de projeto: Susan Pink

Editor de produção: Siddique Shaik

Logo do Scratch: cortesia de Mitchel Resnick, Grupo Lifelong Kindergarten, MIT Media Lab

Figuras dos capítulos, ilustrações e projetos do Scratch: Copyright © 2016 Derek Breen

O Scratch foi desenvolvido pelo Grupo Lifelong Kindergarten do MIT Media Lab. Acesse: http://scratch.mit.edu.